DAS EINFACHE GARNELEN UND GARNELEN-KOCHBUCH

Von klassischen Garnelen-Scampi bis hin zu würzigen Garnelen-Tacos – entdecken Sie die 100 besten Rezepte für Meeresfrüchte-Liebhaber, um Ihren Heißhunger zu stillen

Carolin Haas

Urheberrechtliches Material ©2023

Alle Rechte vorbehalten

Ohne die entsprechende schriftliche Zustimmung des Herausgebers und Urheberrechtsinhabers darf dieses Buch in keiner Weise, Form oder Form verwendet oder verbreitet werden, mit Ausnahme kurzer Zitate in einer Rezension. Dieses Buch sollte nicht als Ersatz für medizinische, rechtliche oder andere professionelle Beratung betrachtet werden.

INHALTSVERZEICHNIS

INHALTSVERZEICHNIS 3
EINFÜHRUNG 7

1. Gebratene Cajun-Garnelen und Austern 8
2. Bouillabaisse-Häppchen 10
3. Linguine und Garnelen-Scampi 12
4. Garnelen a la Plancha auf Safran-Allioli-Toast 14
5. Bombay-Seeteufel 18
6. Paella mit Hühnchen, Garnelen und Chorizo 20
7. Minzige Garnelenhäppchen 23
8. Kiwis und Garnelen 25
9. Kräuterziegenkäse und Prosciutto-Garnelen 27
10. Gnocchetti mit Garnelen und Pesto 29
11. Akadisches Popcorn 32
12. Mit Apfel glasierte Meeresfrüchtespieße 35
13. Garnelen-Spinat-Salate 37
14. Garnelensoufflé 39
15. Ceviche Peruano 41
16. Cheddar-Fondue mit Tomatensauce 43
17. Würziger Garnelen-Käse-Dip 45
18. Enten-Gumbo 47
19. Entencurry mit Ananas 50
20. BBQ-Entencurry mit Litschis 53
21. Gegrilltes Muschel-Ceviche 56
22. Ingwer-Garnelen-Ceviche auf japanischer Gerste 58
23. Tosti Ceviche 61
24. Ceviche Ecuatoriano 63
25. Garnelen-Ceviche-Cocktail von Cameron 65

26. Rosa salzgepökelte Garnelen mit zartem Kokosnuss-Ceviche 68
27. Fisch- und Garnelen-Ceviche 70
28. Ceviche-Cocktail im Stil von 1990 72
29. Kabeljau-, Ahi- und Erbstück-Tomaten-Ceviche 74
30. Ceviche de Camarones 76
31. Garnelen-Ceviche und Avocado-Tacos oder Dip 78
32. Südwestliches Ceviche 80
33. Würziges Garnelen-Ceviche nach laotischer Art 83
34. Pikantes Limetten-Garnelen-Avocado-Ceviche 85
35. Regenbogen-Ceviche 87
36. Oregon Shrimps Meat Ceviche 90
37. Garnelen- und Muschel-Ceviche 92
38. Karibisch würziges Ceviche 94
39. Sommer-Ceviche 97
40. Garnelen- und Krabben-Ceviche 99
41. Mango-Garnelen-Ceviche 101
42. Ceviche De Camaron im Sonora-Stil 103
43. Avocado-Garnelen-Ceviche-Estillo Sarita 105
44. Ceviche nach Sinaloa-Art 107
45. Meeresfrüchte-Medley-Ceviche 109
46. Bloody Mary Ceviche 112
47. Tilapia und Garnelen-Ceviche-Sashimi 114
48. Amerikanisches Ceviche 116
49. Avocado-Garnelen-Ceviche 118
50. Ceviche Peruano 120
51. Ceviche-Selbstporträt 122
52. Ceviche Solero 124
53. Ceviche nach Yucatan-Art 126
54. Garnelen-Ceviche-Sashimi 128

55. Würziger Garnelen-Käse-Dip 130
56. Würzige Garnelenkrapfen 132
57. Portugiesische Garnelenröllchen 134
58. Garnelenfond 136
59. Meeresfrüchte-Gumbo-Brühe 138
60. Enten-Gumbo 140
61. Hühnchen-Okra-Gumbo 143
62. Rindergumbo 147
63. Garnelen-Gumbo 149
64. Hühnchen- und Garnelen-Gumbo 152
65. Golfküste Gumbo 154
66. Hühnchen, Garnelen und Tasso Gumbo 157
67. Kreolisches Gumbo 160
68. Kreolisches Meeresfrüchte-Gumbo 163
69. Garnelen- und Okra-Gumbo 167
70. Super Gumbo 170
71. Filé Gumbo 174
72. Gumbo ohne Mehlschwitze 177
73. Muscheln, Garnelen und Krabben 180
74. Garnelen-Étouffée 183
75. Jamaikanische Garnelensuppe 186
76. Cajun-Wels-Gumbo 188
77. Jambalaya mit Huhn, Garnelen und Wurst 191
78. Slow Cooker Jambalaya 194
79. Mit Jambalaya gefüllte Kohlrouladen 196
80. Zerbrochene Garnelen-Jambalaya 199
81. Couscous Jambalaya 201
82. Mais- und Garnelensuppe 203
83. Garnelen und Grütze 206

84. Garnelen-Rémoulade 209

85. Gefüllte Mirlitons 211

86. Lagniappe-Chili 214

87. Zucchini-Frühlingsrollenschalen 217

88. Quinoa-Garnelen-Salat 219

89. Katergarnelen 221

90. Windrad-Garnelenröllchen 223

91. Pasta mit Käse-Pesto-Garnelen und Pilzen 226

92. Käse-Pesto-Garnelen mit Nudeln 229

93. Kokosgarnelen mit Curry-Hummus 231

94. Garnelen mit Knoblauchbutter 234

95. Cajun-Garnelen und Reis 236

96. Garnelen-Tacos 238

97. Garnelen Alfredo 240

98. Gebratener Garnelenreis 242

99. Kokos-Garnelen-Curry 245

100. Gegrillte Garnelenspieße 247

ABSCHLUSS 249

EINFÜHRUNG

Garnelen sind eine vielseitige Zutat, die in einer Vielzahl von Gerichten verwendet werden kann, von klassischen Garnelen-Scampi bis hin zu würzigen Garnelen-Tacos. Aufgrund ihres delikaten Geschmacks und ihrer zarten Textur sind Garnelen bei Meeresfrüchteliebhabern auf der ganzen Welt beliebt. Egal, ob Sie Kochanfänger oder erfahrener Koch sind, in diesem Kochbuch ist für jeden etwas dabei.

In diesem ultimativen Leitfaden zum Kochen mit Garnelen finden Sie über 100 köstliche und einfach zuzubereitende Rezepte, die Ihren Heißhunger stillen und Ihre Gäste beeindrucken. Von Vorspeisen und Salaten bis hin zu Hauptgerichten und Suppen bietet dieses Kochbuch alles. Sie werden klassische Gerichte wie Garnelencocktail und gebratenen Garnelenreis sowie moderne Varianten von Garnelen-Scampi und Garnelen-Alfredo entdecken.

Aber in diesem Kochbuch geht es nicht nur um Rezepte. Wir tauchen auch in die Geschichte und kulinarischen Traditionen von Garnelen auf der ganzen Welt ein und geben Tipps und Tricks für die perfekte Auswahl, Zubereitung und Zubereitung von Garnelen. Sie lernen, wie man Garnelen richtig säubert und entdarmt und wie man sie auf verschiedene Arten zubereitet, darunter Grillen, Sautieren, Backen und mehr.

Dieses Kochbuch ist perfekt für alle, die Garnelen lieben, egal ob Sie Ihren kulinarischen Horizont erweitern möchten oder einfach Ihre Lieblingsmeeresfrüchte auf neue und aufregende Weise genießen möchten. Schnappen Sie sich also ein Exemplar dieses Kochbuchs und los geht's mit dem Kochen!

Garnelen, Meeresfrüchte, Rezepte, Kochen, Kochbuch, Vorspeisen, Salate, Hauptgerichte, Suppen, Geschichte, kulinarische Traditionen, Tipps, Tricks, Auswählen, Zubereiten, Reinigen, Entdarmen, Grillen, Sautieren, Backen!

1. Gebratene Cajun-Garnelen und Austern

Ergibt: 4 PORTIONEN

ZUTATEN

1 Pfund frisch geschälte Austern
1 Pfund rohe Jumbo-Garnelen, geschält und entdarmt
2 Eier, separat leicht geschlagen
¾ Tasse Allzweckmehl
½ Tasse Polenta
2 Teelöffel Cajun-Gewürz
½ Teelöffel Zitronenpfeffer
2 Tassen Pflanzenöl zum Frittieren

ANWEISUNGEN:

a) Geben Sie die Austern in eine mittelgroße Schüssel und die Garnelen in eine separate Schüssel. Die Eier über die Garnelen und Austern träufeln (1 Ei pro Schüssel) und darauf achten, dass alles schön bedeckt ist. Stellen Sie die Schüsseln zur Seite.
b) In einen großen Gefrierbeutel mit Reißverschluss Mehl, Polenta, Cajun-Gewürz und Zitronenpfeffer geben. Schütteln Sie den Beutel, um sicherzustellen, dass alles gut vermischt ist. Geben Sie die Garnelen in den Beutel und schütteln Sie sie, bis sie bedeckt sind. Nehmen Sie dann die Garnelen heraus und legen Sie sie auf ein Backblech. Geben Sie nun die Austern in den Beutel und wiederholen Sie den Vorgang.
c) Erhitzen Sie das Pflanzenöl in einer Fritteuse oder Frittierpfanne auf etwa 350 bis 360 Grad F. Braten Sie die Garnelen etwa 3 bis 4 Minuten lang, bis sie goldbraun sind. Anschließend die Austern ca. 5 Minuten goldbraun braten. Legen Sie die Meeresfrüchte auf einen mit Küchenpapier ausgelegten Teller, damit etwas überschüssiges Öl aufgenommen wird. Mit Ihrer Lieblings-Dip-Sauce servieren.

2. Bouillabaisse-Häppchen

Macht: 24

ZUTATEN
- 24 mittelgroße Garnelen, geschält und entdarmt
- 24 mittelgroße Jakobsmuscheln
- 2 Tassen Tomatensauce
- 1 Dose gehackte Muscheln (6-½ oz)
- 1 Esslöffel Pernod
- 20 Milliliter
- 1 Lorbeerblatt
- 1 Teelöffel Basilikum
- ½ Teelöffel Salz
- ½ Teelöffel frisch gemahlener Pfeffer
- Knoblauch, gehackt
- Safran

ANWEISUNGEN:
a) Garnelen und Jakobsmuscheln auf 20 cm lange Bambusspieße aufspießen, jeweils 1 Garnele und 1 Jakobsmuschel pro Spieß; Wickeln Sie den Schwanz der Garnele um die Jakobsmuschel.
b) Tomatensauce, Muscheln, Pernod, Knoblauch, Lorbeerblatt, Basilikum, Salz, Pfeffer und Safran in einem Topf vermischen. Mischung zum Kochen bringen.
c) Den aufgespießten Fisch in einer flachen Auflaufform anrichten.
d) Soße über die Spieße träufeln. Ohne Deckel 25 Minuten bei 350 Grad backen.

3. Linguine und Garnelen-Scampi

Macht: 6

ZUTATEN
- 1 Packung Linguine-Nudeln
- ¼ Tasse Butter
- 1 gehackte rote Paprika
- 5 gehackte Knoblauchzehen
- 45 rohe große Garnelen, geschält und entdarmt, ½ Tasse trockener Weißwein, ¼ Tasse Hühnerbrühe
- 2 Esslöffel Zitronensaft
- ¼ Tasse Butter
- 1 Teelöffel zerstoßene rote Paprikaflocken
- ½ Teelöffel Safran
- ¼ Tasse gehackte Petersilie
- Salz nach Geschmack

ANWEISUNGEN:
a) Kochen Sie die Nudeln gemäß den Anweisungen auf der Packung, was etwa 10 Minuten dauern sollte.
b) Lassen Sie das Wasser ab und stellen Sie es beiseite.
c) In einer großen Pfanne die Butter schmelzen.
d) Paprika und Knoblauch in einer Pfanne 5 Minuten anbraten.
e) Die Garnelen dazugeben und weitere 5 Minuten weiterbraten.
f) Legen Sie die Garnelen auf eine Platte, lassen Sie jedoch den Knoblauch und den Pfeffer in der Pfanne.
g) Weißwein, Brühe und Zitronensaft zum Kochen bringen.
h) Geben Sie die Garnelen mit weiteren 14 Tassen Wasser zurück in die Pfanne.
i) Die Paprikaflocken, Safran und Petersilie dazugeben und mit Salz abschmecken.
j) Nach dem Mischen mit den Nudeln 5 Minuten köcheln lassen.

4. Garnelen a la Plancha auf Safran-Allioli-Toast

Macht: 4

ZUTATEN
ALLIOLI
- 1 große Prise Safran
- 1 großes Eigelb
- 1 Knoblauchzehe, fein gehackt
- 1 Teelöffel koscheres Salz
- 1 Tasse natives Olivenöl extra, vorzugsweise spanisches
- 2 Teelöffel Zitronensaft, bei Bedarf auch mehr

GARNELE
- Vier ½ Zoll dicke Scheiben Landbrot
- 2 Esslöffel hochwertiges natives Olivenöl extra, vorzugsweise spanisches
- 1½ Pfund Jumbo
- Peel-On-Garnelen mit 20 Stück
- Koscheres Salz
- 2 Zitronen halbiert
- 3 Knoblauchzehen, fein gehackt
- 1 Teelöffel frisch gemahlener schwarzer Pfeffer
- 1 Tasse trockener Sherry
- 2 Esslöffel grob gehackte glatte Petersilie

ANWEISUNGEN:
a) Aioli zubereiten: In einer kleinen Pfanne bei mittlerer Hitze den Safran 15 bis 30 Sekunden rösten, bis er spröde ist.
b) Auf einen kleinen Teller geben und mit der Rückseite eines Löffels zerdrücken. In eine mittelgroße Schüssel Safran, Eigelb, Knoblauch und Salz geben und kräftig verrühren, bis alles gut vermischt ist.
c) Beginnen Sie mit der Zugabe einiger Tropfen Olivenöl und rühren Sie zwischen den Zugaben gründlich um, bis die Aioli einzudicken beginnt. Geben Sie dann das restliche Öl in einem sehr langsamen und gleichmäßigen Strahl in die Mischung und verrühren Sie die Aioli, bis sie dick und cremig ist.

d) Den Zitronensaft hinzufügen, abschmecken und nach Bedarf mit mehr Zitronensaft und Salz abschmecken. In eine kleine Schüssel umfüllen, mit Plastikfolie abdecken und im Kühlschrank aufbewahren.

e) Machen Sie die Toasts: Stellen Sie einen Ofenrost auf die oberste Position und stellen Sie den Grill auf die höchste Stufe. Legen Sie die Brotscheiben auf ein Backblech mit Rand und bestreichen Sie beide Seiten des Brotes mit 1 Esslöffel Öl.

f) Das Brot etwa 45 Sekunden lang goldbraun rösten. Drehen Sie das Brot um und rösten Sie es auf der anderen Seite 30 bis 45 Sekunden länger (beobachten Sie den Grill genau, da die Intensität des Grills variiert). Nehmen Sie das Brot aus dem Ofen und legen Sie jede Scheibe auf einen Teller.

g) Die Garnelen in eine große Schüssel geben. Schneiden Sie mit einem Schälmesser einen flachen Schlitz entlang des gebogenen Rückens der Garnele, entfernen Sie die Ader (falls vorhanden) und lassen Sie die Schale intakt. Erhitzen Sie eine große Bratpfanne mit starkem Boden bei mittlerer bis hoher Hitze, bis sie fast raucht (1½ bis 2 Minuten).

h) Den restlichen 1 Esslöffel Öl und die Garnelen hinzufügen. Streuen Sie eine gute Prise Salz und den Saft einer halben Zitrone über die Garnelen und kochen Sie sie 2 bis 3 Minuten lang, bis sich die Garnelen zu kräuseln beginnen und die Ränder der Schale braun werden.

i) Drehen Sie die Garnelen mit einer Zange um, bestreuen Sie sie mit mehr Salz und dem Saft einer weiteren Zitronenhälfte und kochen Sie sie etwa 1 Minute länger, bis die Garnelen leuchtend rosa sind. Machen Sie eine Mulde in der Mitte der Pfanne und rühren Sie den Knoblauch und den schwarzen Pfeffer hinein. Sobald der Knoblauch duftet, geben Sie nach etwa 30 Sekunden den Sherry hinzu, lassen Sie ihn köcheln und rühren Sie die Knoblauch-Sherry-Mischung in die Garnelen.

j) Kochen Sie, rühren Sie um und schaben Sie die braunen Stücke vom Boden der Pfanne in die Soße. Den Herd ausschalten und den Saft einer weiteren Zitronenhälfte hineinpressen. Die restliche Zitronenhälfte in Spalten schneiden.

k) Bestreichen Sie die Oberseite jeder Brotscheibe mit einem großzügigen Löffel Safran-Aioli. Die Garnelen auf die Teller verteilen und über jede Portion etwas Soße gießen. Mit Petersilie bestreuen und mit Zitronenspalten servieren.

5. Bombay-Seeteufel

Macht: 1

ZUTATEN
- 1 Pfund Seeteufel, gehäutet
- Milch zum Bedecken
- ¼ Pfund Garnelen geschält
- 2 Eier
- 3 Esslöffel Tomatenmark ½ Teelöffel Currypulver
- 2 Teelöffel Zitronensaft
- ¼ Teelöffel frischer Rosmarin, gehackt
- 1 Prise Safran oder Kurkuma ¾ Tasse helle Sahne
- Salz und Pfeffer nach Geschmack

ANWEISUNGEN:
a) Ofen auf 350F vorheizen. Legen Sie den Seeteufel in eine Pfanne, die gerade groß genug ist, um ihn aufzunehmen. Gießen Sie die Milch darüber und stellen Sie die Pfanne auf mäßige Hitze.
b) Zum Kochen bringen, abdecken und 8 Minuten kochen lassen. Den Fisch wenden und weitere 7 Minuten garen, oder bis der Fisch gar ist.
c) Wenn der Seeteufel fast fertig ist, fügen Sie die Garnelen hinzu und kochen Sie sie 2–3 Minuten lang oder bis sie rosa werden.
d) Fisch und Garnelen abgießen, Milch auffangen.
e) Den Seeteufel in mundgerechte Stücke schneiden. Die Eier mit Tomatenmark, Currypulver, Zitronensaft, Rosmarin, Safran und einer halben Tasse Sahne verquirlen.
f) Fisch und Garnelen untermischen und mit Salz und Pfeffer abschmecken.
g) In vier einzelne Auflaufförmchen formen und eine gleiche Menge der restlichen Sahne über jede Form gießen.
h) 20 Minuten backen oder bis es fest ist. Heiß mit einem Spritzer Zitrone und knusprigem französischem Brot servieren.

6. Paella mit Hühnchen, Garnelen und Chorizo

ZUTATEN
- ½ Teelöffel Safranfäden, zerstoßen
- 2 Esslöffel Olivenöl
- 1 Pfund Hähnchenschenkel ohne Haut und Knochen, in 5 cm große Stücke geschnitten
- 4 Unzen gekochte, geräucherte Chorizo-Wurst nach spanischer Art, in Scheiben geschnitten
- 1 mittelgroße Zwiebel, gehackt
- 4 Knoblauchzehen, gehackt
- 1 Tasse grob geriebene Tomaten
- 1 Esslöffel geräucherter süßer Paprika
- 6 Tassen natriumreduzierte Hühnerbrühe
- 2 Tassen spanischer Rundkornreis, wie Bomba, Calasparra oder Valencia
- 12 große Garnelen, geschält und entdarmt
- 8 Unzen gefrorene Erbsen, aufgetaut
- Gehackte grüne Oliven (optional)
- Gehackte italienische Petersilie

ANWEISUNGEN:

a) In einer kleinen Schüssel Safran und 1/4 Tasse heißes Wasser vermischen; 10 Minuten stehen lassen.

b) In der Zwischenzeit in einer 15-Zoll-Paella-Pfanne Öl bei mittlerer bis hoher Hitze erhitzen. Hähnchen in die Pfanne geben. Unter gelegentlichem Wenden kochen, bis das Huhn gebräunt ist, etwa 5 Minuten. Chorizo hinzufügen. Noch 1 Minute kochen lassen. Alles auf einen Teller geben. Zwiebel und Knoblauch in die Pfanne geben. 2 Minuten kochen und umrühren. Tomaten und Paprika hinzufügen. Weitere 5 Minuten kochen und umrühren, bis die Tomaten eingedickt und fast pastös sind.

c) Hähnchen und Chorizo wieder in die Pfanne geben. Hühnerbrühe, Safranmischung und 1/2 Teelöffel Salz hinzufügen; bei starker Hitze zum Kochen bringen. Geben Sie den Reis in die Pfanne und rühren Sie ihn einmal um, um ihn gleichmäßig zu verteilen. Ohne Rühren kochen, bis der Reis den größten Teil der Flüssigkeit aufgesogen hat, etwa 12 Minuten. (Wenn Ihre Pfanne größer als Ihr Brenner ist, drehen Sie sie alle paar Minuten, um sicherzustellen, dass der Reis gleichmäßig gart.) Reduzieren Sie die Hitze auf einen niedrigen Wert. Ohne Rühren weitere

5 bis 10 Minuten kochen, bis die gesamte Flüssigkeit aufgesogen ist und der Reis al dente ist. Mit Garnelen und Erbsen belegen. Stellen Sie die Hitze auf hoch. Ohne Rühren weitere 1 bis 2 Minuten garen (die Ränder sollten trocken aussehen und sich am Boden eine Kruste bilden). Entfernen. Pfanne mit Folie abdecken. Vor dem Servieren 10 Minuten ruhen lassen. Nach Belieben mit Oliven und Petersilie belegen.

7. Minzige Garnelenhäppchen

Macht: 16

ZUTATEN
- 2 Esslöffel Olivenöl
- 10 Unzen Garnelen, gekocht
- 1 Esslöffel Minze, gehackt
- 2 Esslöffel Erythrit
- ⅓ Tasse Brombeeren, gemahlen
- 2 Teelöffel Currypulver
- 11 Prosciutto-Scheiben
- ⅓ Tasse Gemüsebrühe

ANWEISUNGEN:
a) Beträufeln Sie jede Garnele mit Öl, nachdem Sie sie in Prosciutto-Scheiben gewickelt haben.
b) Kombinieren Sie in Ihrem Instant-Topf Brombeeren, Curry, Minze, Brühe und Erythrit, rühren Sie um und kochen Sie es 2 Minuten lang bei schwacher Hitze.
c) Den Dampfkorb und die eingewickelten Garnelen in den Topf geben, abdecken und 2 Minuten auf höchster Stufe garen.
d) Legen Sie die eingewickelten Garnelen auf einen Teller und beträufeln Sie sie vor dem Servieren mit Minzsauce.

8. **Kiwis und Garnelen**

Ergibt: 4 Portionen

ZUTATEN
- 3 Kiwis
- 3 Esslöffel Olivenöl
- 1 Pfund Garnelen, geschält
- 3 Esslöffel Mehl
- ¾ Tasse Prosciutto, in dünne Streifen schneiden
- 3 Schalotten, fein gehackt
- ⅓ Teelöffel Chilipulver
- ¾ Tasse trockener Weißwein

ANWEISUNGEN:
a) Kiwi schälen. 4 Scheiben zum Garnieren aufbewahren und die restlichen Früchte hacken. In einer schweren Pfanne oder einem Wok Öl erhitzen. Garnelen in Mehl wenden und 30 Sekunden anbraten.

b) Prosciutto, Schalotten und Chilipulver hinzufügen. Weitere 30 Sekunden anbraten. Die gehackte Kiwi hinzufügen und 30 Sekunden anbraten. Wein hinzufügen und auf die Hälfte reduzieren.

c) Sofort servieren.

9. Kräuterziegenkäse und Prosciutto-Garnelen

Ergibt: 4 Portionen

ZUTATEN
12 Esslöffel Ziegenkäse
1 Teelöffel gehackte frische Petersilie
1 Teelöffel gehackter frischer Estragon
1 Teelöffel gehackter frischer Kerbel
1 Teelöffel gehackter frischer Oregano
2 Teelöffel gehackter Knoblauch
Salz und Pfeffer
12 große Garnelen, geschält, mit Schwanz und
Mit Schmetterlingen
12 dünne Scheiben Prosciutto
2 Esslöffel Olivenöl
Ein Schuss weißer Trüffel
Öl
In einer Rührschüssel Käse, Kräuter und Knoblauch vermischen. Die Mischung mit Salz und Pfeffer würzen. Die Garnelen mit Salz und Pfeffer würzen. Drücken Sie einen Esslöffel der Füllung in die Höhle jeder Garnele. Jede Garnele fest mit einem Stück Prosciutto umwickeln. In einer Bratpfanne das Olivenöl erhitzen. Wenn das Öl heiß ist, geben Sie die gefüllten Garnelen hinzu und braten Sie sie auf jeder Seite 2 bis 3 Minuten lang an, oder bis die Garnelen rosa werden und sich ihre Schwänze zum Körper hin einrollen. Aus der Pfanne nehmen und auf einen großen Teller legen. Die Garnelen mit Trüffelöl beträufeln.

Mit Petersilie garnieren.

10. Gnocchetti mit Garnelen und Pesto

Ergibt: 4–6

ZUTATEN
- Grießteig

PISTAZIENPESTO
- 1 Tasse Pistazien
- 1 Bund Minze
- 1 Knoblauchzehe
- ½ Tasse geriebener Pecorino Romano
- ½ Tasse Olivenöl
- Koscheres Salz
- Frisch gemahlener schwarzer Pfeffer
- 8 Unzen Ackerbohnen
- Olivenöl
- 3 Knoblauchzehen, gehackt
- 2 Pfund große Garnelen, gereinigt
- Zerkleinerter roter Pfeffer nach Geschmack
- Koscheres Salz
- Frisch gemahlener schwarzer Pfeffer
- ¼ Tasse Weißwein
- 1 Zitrone, geriebene Schale

ANWEISUNGEN

a) Zwei Blechpfannen mit Grießmehl bestäuben.

b) Für die Gnocchetti ein kleines Stück Teig abschneiden und den Rest des Teigs mit Frischhaltefolie abdecken. Rollen Sie das Teigstück mit Ihren Händen zu einem etwa ½ Zoll dicken Strang. Schneiden Sie ½ Zoll große Teigstücke vom Seil ab. Drücken Sie das Teigstück mit dem Daumen vorsichtig auf ein Gnocchi-Brett und rollen Sie es vom Körper weg, sodass eine leichte Vertiefung entsteht. Legen Sie die Gnocchetti auf die mit Grieß bestäubten Backbleche und lassen Sie sie offen, bis sie fertig zum Kochen sind.

c) Für das Pistazienpesto in einer Küchenmaschine Pistazien, Minze, Knoblauch, Pecorino Romano, Olivenöl, Salz und frisch gemahlenen schwarzen Pfeffer hinzufügen und pürieren.

d) Bereiten Sie eine Schüssel mit Eiswasser vor. Nehmen Sie die Ackerbohnen aus der Schote. Blanchieren Sie die Ackerbohnen, indem Sie sie etwa 1 Minute lang in kochendem Wasser kochen, bis sie weich sind. Aus dem Wasser nehmen und in das Eisbad geben. Wenn es ausreichend abgekühlt ist, aus dem Wasser nehmen und in einer Schüssel beiseite stellen. Entfernen Sie die wachsartige Außenschicht der Bohne und entsorgen Sie sie.

e) Einen großen Topf mit Salzwasser zum Kochen bringen. In der Zwischenzeit in einer großen Bratpfanne bei starker Hitze einen Spritzer Olivenöl, Knoblauch, Garnelen, zerstoßenen roten Pfeffer, Salz und frisch gemahlenen schwarzen Pfeffer hinzufügen. Während die Garnelen kochen, geben Sie die Nudeln in das kochende Wasser und kochen Sie sie etwa 3 bis 4 Minuten lang al dente. Die Nudeln mit Weißwein in die Bratpfanne geben und etwa eine Minute kochen lassen, bis der Wein auf die Hälfte reduziert ist.

f) Zum Servieren die Nudeln auf Schüsseln verteilen. Mit Zitronenschale und Pistazienpesto garnieren.

11. Akadisches Popcorn

ZUTATEN

- 2 Pfund kleine Garnelen
- 2 große Eier
- 1 Tasse trockener Weißwein
- ½ Tasse Polenta
- ½ Tasse Mehl
- 1 Esslöffel frischer Schnittlauch
- 1 Knoblauchzehe, gehackt
- ½ Teelöffel Thymianblätter
- ½ Teelöffel Kerbel
- ½ Teelöffel Knoblauchsalz
- ½ Teelöffel schwarzer Pfeffer
- ½ Teelöffel Cayennepfeffer
- ½ Teelöffel Paprika
- Öl zum Frittieren

ANWEISUNGEN:

a) Spülen Sie die Langusten oder Garnelen in kaltem Wasser ab, lassen Sie sie gut abtropfen und stellen Sie sie bis zur Verwendung beiseite. Eier und Wein in einer kleinen Schüssel verquirlen und dann im Kühlschrank aufbewahren.

b) In einer anderen kleinen Schüssel Polenta, Mehl, Schnittlauch, Knoblauch, Thymian, Kerbel, Salz, Pfeffer, Cayennepfeffer und Paprika vermischen. Die trockenen Zutaten nach und nach in die Eimischung einrühren und gut verrühren. Decken Sie den entstandenen Teig ab und lassen Sie ihn dann 1–2 Stunden bei Zimmertemperatur stehen.

c) Erhitzen Sie das Öl im Schmortopf oder in der Fritteuse auf dem Thermometer auf 375 °F.

d) Tauchen Sie die trockenen Meeresfrüchte in den Teig und braten Sie ihn in kleinen Portionen 2-3 Minuten lang, bis er vollständig goldbraun ist.

e) Nehmen Sie die Garnelen mit einem Schaumlöffel heraus und lassen Sie sie auf mehreren Lagen Papiertüchern gründlich abtropfen. Servieren Sie es auf einer vorgewärmten Platte mit Ihrem Lieblingsdip.

12. Mit Apfel glasierte Meeresfrüchtespieße

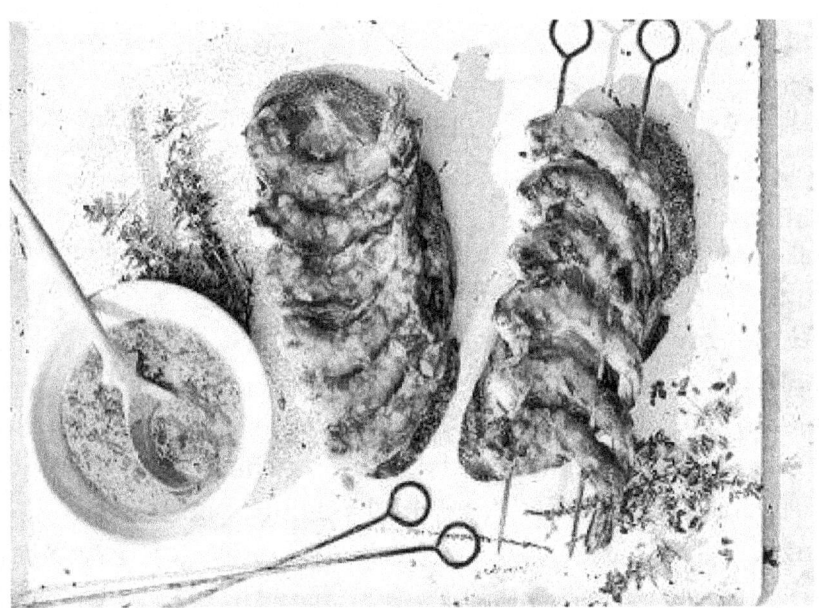

Ergibt: 6 Portionen

ZUTATEN
- 1 Dose Apfelsaftkonzentrat
- Jeweils 1 Esslöffel Butter und Dijon-Senf
- 1 große süße rote Paprika
- 6 Segmente Speck
- 12 Jakobsmuscheln
- 1 Pfund geschälte, entdarmte Garnelen (ca. 36)
- 2 Esslöffel gewürfelte frische Petersilie

ANWEISUNGEN:

a) In einem tiefen, schweren Topf das Apfelsaftkonzentrat bei starker Hitze 7 bis 10 Minuten oder länger kochen, bis es auf etwa eine ¾ Tasse reduziert ist. Vom Herd nehmen, Butter und Senf einrühren, bis eine glatte Masse entsteht. Beiseite legen. Schneiden Sie die Paprika in zwei Hälften. Entfernen Sie die Kerne und den Stiel und schneiden Sie die Paprika in 24 Stücke. Schneiden Sie die Speckstücke quer in zwei Hälften und wickeln Sie jede Jakobsmuschel in ein Stück Speck.

b) Abwechselnd Paprika, Jakobsmuscheln und Garnelen auf 6 Spieße spießen. Spieße auf den geölten Grill legen. Bei mäßig hoher Hitze 2-3 Minuten lang grillen, mit Apfelsaftglasur begießen und oft wenden, bis die Jakobsmuscheln undurchsichtig, die Garnelen rosa und der Pfeffer zart sind. Mit Petersilie bestreut servieren.

13. Garnelen-Spinat-Salate

Portion: 4 Portionen

Zutaten
1 Pfund geschälte und entdarmte, gekochte mittelgroße Garnelen
4 Frühlingszwiebeln, in dünne Scheiben geschnitten
3/4 Tasse würziges Tomaten-Speck-Salatdressing
1 Packung (6 Unzen) frischer Babyspinat
1 Tasse geraspelte Karotten
2 hartgekochte große Eier, in Scheiben geschnitten
2 Pflaumentomaten, in Spalten geschnitten

Richtung
Die Zwiebeln und Garnelen mit dem Salatdressing in einer großen Pfanne bei mittlerer Hitze etwa 5 bis 6 Minuten lang anbraten, bis sie durchgewärmt sind.
Geben Sie gleiche Mengen Spinat auf 4 Portionen. Tomaten, Eier, Karotten und Garnelenmischung darauf geben. Sofort servieren.

14. <u>Garnelensoufflé</u>

Ergiebigkeit: 6 Portionen

Zutat abmessen
- ½ Pfund gekochte Garnelen
- 3 Scheiben frische Ingwerwurzel
- 1 Esslöffel Sherry
- 1 Teelöffel Sojasauce
- 6 Eiweiß
- ½ Teelöffel Salz
- 4 Esslöffel Öl
- 1 Prise Pfeffer

a) Gekochte Garnelen würfeln und Ingwerwurzel hacken; Anschließend mit Sherry und Sojasauce vermischen.
b) Eiweiß mit Salz schaumig und steif schlagen, aber nicht trocken. Garnelenmischung unterheben.
c) Öl zum Räuchern erhitzen. Garnelen-Ei-Mischung hinzufügen und bei mittlerer bis hoher Hitze unter ständigem Rühren kochen, bis die Eier fest werden (3 bis 4 Minuten).

15. Ceviche Peruano

Zutaten
- 2 mittelgroße Kartoffeln
- Je 2 Süßkartoffeln
- 1 rote Zwiebel, in dünne Streifen schneiden
- 1 Tasse frischer Limettensaft
- 1/2 Stangensellerie, in Scheiben geschnitten
- 1/4 Tasse leicht gepackte Korianderblätter
- 1 Prise gemahlener Kreuzkümmel
- 1 Knoblauchzehe, gehackt
- 1 Habanero-Pfeffer
- 1 Prise Salz und frisch gemahlener Pfeffer
- 1 Pfund frischer Tilapia, in 1/2 Zoll große Stücke geschnitten
- 1 Pfund mittelgroße Garnelen – geschält,

Richtungen
a) Die Kartoffeln und Süßkartoffeln in einen Topf geben und mit Wasser bedecken. Legen Sie die geschnittene Zwiebel in eine Schüssel mit warmem Wasser.
b) Sellerie, Koriander und Kreuzkümmel vermischen und Knoblauch und Habanero-Pfeffer unterrühren. Mit Salz und Pfeffer würzen, dann den gewürfelten Tilapia und die Garnelen unterrühren
c) Zum Servieren die Kartoffeln schälen und in Scheiben schneiden. Die Zwiebeln unter die Fischmischung rühren. Servierschüsseln mit Salatblättern auslegen. Das aus Saft bestehende Ceviche in die Schüsseln geben und mit Kartoffelscheiben garnieren.

16. Cheddar-Fondue mit Tomatensauce

Macht: 4

ZUTATEN
- 1 Knoblauchzehe, halbiert
- 6 mittelgroße Tomaten, entkernt und gewürfelt
- 2/3 Tasse trockener Weißwein
- 6 Esslöffel. Butter, gewürfelt
- 1-1/2 Teelöffel. Getrocknetes Basilikum
- Prise Cayennepfeffer
- 2 Tassen geriebener Cheddar-Käse
- 1 Esslöffel. Allzweckmehl
- Gewürfeltes Baguette und gekochte Garnelen

ANWEISUNGEN:
a) Reiben Sie den Boden und die Seiten eines Fonduetopfs mit einer Knoblauchzehe ein.
b) Beiseite stellen und den Knoblauch wegwerfen.
c) Wein, Butter, Basilikum, Cayennepfeffer und Tomaten in einem großen Topf vermischen.
d) Bei mittlerer bis niedriger Hitze die Mischung zum Köcheln bringen und dann die Hitze auf eine niedrige Stufe reduzieren.
e) Käse mit Mehl vermischen.
f) Nach und nach zur Tomatenmischung hinzufügen und nach jeder Zugabe umrühren, bis der Käse geschmolzen ist.
g) In den Vorbereitungs-Fonduetopf füllen und warm halten.
h) Mit Garnelen und Brotwürfeln genießen.

17. Würziger Garnelen-Käse-Dip

ZUTATEN
- 2 Scheiben Speck ohne Zuckerzusatz
- 2 mittelgroße gelbe Zwiebeln, geschält und gewürfelt
- 2 Knoblauchzehen, gehackt
- 1 Tasse Popcorn-Garnelen (nicht die panierte Sorte), gekocht
- 1 mittelgroße Tomate, gewürfelt
- 3 Tassen geriebener Monterey-Jack-Käse
- 1/4 Teelöffel Frank's Red-Hot-Sauce
- 1/4 Teelöffel Cayennepfeffer
- 1/4 Teelöffel schwarzer Pfeffer

ANWEISUNGEN:

a) Den Speck in einer mittelgroßen Pfanne bei mittlerer Hitze etwa 5–10 Minuten lang knusprig braten. Fett in der Pfanne aufbewahren. Legen Sie den Speck zum Abkühlen auf ein Papiertuch. Wenn der Speck abgekühlt ist, zerbröckeln Sie ihn mit den Fingern.

b) Geben Sie die Zwiebel und den Knoblauch zu den Speckfetten in der Pfanne und braten Sie sie bei mittlerer bis niedriger Hitze etwa 10 Minuten lang an, bis sie weich sind und duften.

c) Alle Zutaten in einem Slow Cooker vermischen; gut umrühren. Zugedeckt auf niedriger Stufe 1–2 Stunden garen oder bis der Käse vollständig geschmolzen ist.

18. Enten-Gumbo

ZUTATEN
Aktie:
- 3 große oder 4 kleine Enten
- 1 Gallone Wasser
- 1 Zwiebel, geviertelt
- 2 Rippen Sellerie
- 2 Karotten 2 Lorbeerblätter 3 t. Salz
- 1 t. Pfeffer

Gumbo:
- ¾ c. Mehl
- ¾ c. Öl
- 2 Knoblauchzehen, gehackt
- 1 Tasse fein gehackte Zwiebeln
- ½ c. fein gehackter Sellerie
- 1 c. fein gehackte grüne Paprika
- 1 Pfund Okra, in ¼-Zoll-Stücke geschnitten
- 2 EL Speckfett
- 1 Pfund. rohe, geschälte Garnelen
- 1 pt. Austern und Likör
- ¼ c. gehackte Petersilie
- 2 c. gekochter Reis

ANWEISUNGEN:

a) Hautenten; In Wasser mit Zwiebeln, Sellerie, Lorbeerblättern, Salz und Pfeffer etwa 1 Stunde kochen oder bis das Entenfleisch zart ist. Beanspruchung; Das gesamte Fett abschöpfen und drei Viertel der Brühe aufbewahren. Bei Bedarf Hühner- oder Rinderbrühe hinzufügen, um 3 Liter Brühe zu erhalten. Entfernen Sie das Fleisch vom Kadaver und in kleine Stücke. Zurück zum Lagerbestand. Die Brühe kann am Tag vor der Gumbo-Zubereitung zubereitet werden.

Für Gumbo: In einem großen Schmortopf aus Mehl und Öl eine dunkelbraune Mehlschwitze zubereiten. Knoblauch, Zwiebeln, Sellerie und grünen Pfeffer hinzufügen; Okraschoten in Speckfett anbraten, bis die Konsistenz verschwunden ist, etwa 20 Minuten; Abfluss. In einem Suppentopf die Brühe erwärmen und die Mehlschwitze-Gemüse-Mischung langsam einrühren. Okra hinzufügen; Zugedeckt 1½ Stunden köcheln lassen. Garnelen, Austern und deren Likör hinzufügen und weitere 10 Minuten kochen lassen. Petersilie einrühren und vom Feuer nehmen. Richtig würzen und über heißem, lockerem Reis servieren. Macht: 12.

19. Entencurry mit Ananas

Ergibt 4–6 Portionen

ZUTATEN

- 15 getrocknete lange rote Chilis
- 1 Esslöffel weiße Pfefferkörner
- 2 Teelöffel Koriandersamen
- 1 Teelöffel Kreuzkümmelsamen
- 2 Teelöffel Garnelenpaste
- 5 rote asiatische Schalotten, gehackt
- 10 Knoblauchzehen, gehackt
- 2 Zitronengrasstiele, nur der weiße Teil, fein geschnitten
- 1 Esslöffel gehackter Galgant
- 2 Esslöffel gehackte Korianderwurzel
- 1 Teelöffel fein geriebene Kaffernlimettenschale
- 1 Esslöffel Erdnussöl
- 8 Frühlingszwiebeln (Frühlingszwiebeln), diagonal in 3 cm lange Stücke geschnitten
- 2 Knoblauchzehen, zerdrückt
- 1 chinesische gebratene Ente, in große Stücke geschnitten
- 400 ml (14 oz) Kokosmilch
- 450 g Ananasstücke aus der Dose in Sirup, abgetropft
- 3 Kaffernlimettenblätter
- 3 Esslöffel gehackte Korianderblätter
- 2 Esslöffel gehackte Minze

ANWEISUNGEN:

a) Die Chilis 5 Minuten lang in kochendem Wasser einweichen, bis sie weich sind. Den Strunk und die Kerne entfernen und dann hacken.

b) Die in Folie eingewickelten Pfefferkörner, Koriandersamen, Kreuzkümmel und Garnelenpaste in einer Bratpfanne bei mittlerer bis hoher Hitze 2–3 Minuten lang oder bis sie duften trocken braten. Abkühlen lassen.

c) Pfefferkörner, Koriander und Kreuzkümmel zu Pulver zerstoßen oder mahlen.

d) Die gehackten Chilis, die Garnelenpaste und die gemahlenen Gewürze zusammen mit den restlichen Zutaten der Currypaste in eine Küchenmaschine oder in einen Mörser mit Stößel geben und zu einer glatten Paste verarbeiten oder zerstoßen.

e) Erhitzen Sie einen Wok, bis er sehr heiß ist, geben Sie das Öl hinzu und schwenken Sie es, bis die Seite bedeckt ist. Fügen Sie die Zwiebel, den Knoblauch und 2–4 Esslöffel rote Currypaste hinzu und braten Sie es 1 Minute lang oder bis es duftet.

f) Die gebratenen Entenstücke, die Kokosmilch, die abgetropften Ananasstücke, die Kaffernlimettenblätter sowie die Hälfte des Korianders und der Minze hinzufügen. Zum Kochen bringen, dann die Hitze reduzieren und 10 Minuten köcheln lassen, oder bis die Ente durchgewärmt ist und die Soße leicht eingedickt ist.

g) Restlichen Koriander und Minze unterrühren und servieren.

20. BBQ-Entencurry mit Litschis

Ergibt 4 Portionen

ZUTATEN

i) 1 Teelöffel weiße Pfefferkörner
j) 1 Teelöffel Garnelenpaste
k) 3 lange rote Chilischoten, entkernt
l) 1 rote Zwiebel, grob gehackt
m) 2 Knoblauchzehen
n) 2 Zitronengrasstiele, nur der weiße Teil, in dünne Scheiben geschnitten
o) 5 cm großes Stück Ingwer
p) 3 Korianderwurzeln
q) 5 Kaffernlimettenblätter
r) 2 Esslöffel Öl
s) 2 Teelöffel gemahlener Koriander
t) 1 Teelöffel gemahlener Kreuzkümmel
u) 1 Teelöffel Paprika
v) 1 Teelöffel gemahlener Kurkuma
w) 1 chinesische Barbecue-Ente
x) 400 ml (14 oz) Kokoscreme
y) 1 Esslöffel gehobelter Palmzucker (Jaggery)
z) 2 Esslöffel Fischsauce
aa) 1 dicke Scheibe Galgant
bb) 240 g (8½ oz) Strohpilze aus der Dose, abgetropft
cc) 400 g Litschis aus der Dose, halbiert
dd) 250 g (9 oz) Kirschtomaten
ee) 1 Handvoll Thai-Basilikum, gehackt
ff) 1 Handvoll Korianderblätter

ANWEISUNGEN:

21. Die Pfefferkörner und die Garnelenpaste in Folie eingewickelt in einer Bratpfanne bei mittlerer bis hoher Hitze 2–3 Minuten lang trocken braten, bis ein angenehmer Duft entsteht. Abkühlen lassen.
22. Zerstoßen oder mahlen Sie die Pfefferkörner mit einem Mörser mit Stößel oder einer Gewürzmühle zu einem Pulver.
23. Die zerkleinerten Pfefferkörner und die Garnelen mit den restlichen Zutaten für die Currypaste in eine Küchenmaschine oder in einen Mörser mit Stößel geben und zu einer glatten Paste verarbeiten oder zerstoßen.
24. Das Entenfleisch von den Knochen lösen und in mundgerechte Stücke schneiden. Geben Sie die dicke Kokoscreme von der Oberseite der Dose in einen Topf, lassen Sie sie bei mittlerer Hitze unter gelegentlichem Rühren schnell köcheln und kochen Sie sie 5–10 Minuten lang oder bis sich die Mischung „spaltet" (das Öl beginnt sich zu trennen).
25. Die Hälfte der Currypaste, Palmzucker und Fischsauce hinzufügen und rühren, bis sich der Palmzucker aufgelöst hat.
26. Ente, Galgant, Strohpilze, Litschis, beiseite gestellten Litschisirup und die restliche Kokoscreme hinzufügen. Zum Kochen bringen, dann auf köcheln lassen und 15–20 Minuten kochen lassen, oder bis die Ente weich ist.
27. Kirschtomaten, Basilikum und Koriander hinzufügen. Nach Geschmack würzen. Servieren, wenn die Kirschtomaten leicht weich sind.

21. Gegrilltes Muschel-Ceviche

Ergibt: 8 Portionen

ZUTATEN

- ¾ Pfund mittelgroße Garnelen, geschält und entdarmt
- ¾ Pfund Jakobsmuscheln
- ¾ Pfund Lachsfilet
- 1 Tasse gewürfelte Tomaten (1/2-Zoll-Würfel)
- 1 Tasse gewürfelte Mango (1/2-Zoll-Würfel)
- 2 Grapefruits, geschält und segmentiert
- 3 Orangen, geschält und segmentiert
- 4 Limetten, geschält und segmentiert
- ½ Tasse gewürfelte rote Zwiebel (1/2-Zoll-Würfel)
- 2 Jalapenos, gehackt
- 4 Tassen frischer Limettensaft
- 1 Tasse gehackter Koriander
- 2 Esslöffel Zucker
- Salz und gemahlener Pfeffer

ANWEISUNGEN:

a) In einer großen, nicht reaktiven Schüssel Jakobsmuscheln, Lachs, Garnelen, Tomaten, Mango, Zwiebel, Jalapeno und Limettensaft vermischen.
b) Im Kühlschrank 3 Stunden marinieren.
c) Nehmen Sie den Fisch und die Schalentiere aus der Marinade und grillen Sie ihn gerade so lange, dass 30–60 Sekunden lang Grillspuren entstehen.
d) Schneiden Sie alle Fische in ½-Zoll-Würfel.
e) Kurz vor dem Servieren möglichst viel Limettensaft von den Früchten abtropfen lassen, Koriander, Zucker, Schalentiere und Lachs dazugeben. Vorsichtig mischen und dabei darauf achten, dass die Früchte und der Fisch nicht zerfallen.

22. Ingwer-Garnelen-Ceviche auf japanischer Gerste

Ergibt: 1 Portion

ZUTATEN
- 1 Packung Holzspieße; (6 bis 8 Zoll)
- 20 mittelgroße Garnelen geschält; entdarmt und geköpft, bis 24
- 4 Limetten; Saft von
- 4 Zitronen; Saft von
- ⅓ Tasse Orangensaft
- 3 Esslöffel gehackter Knoblauch
- 1 2-Zoll-Stück frischer Ingwer, gerieben und eventueller Saft aufgehoben
- 1 Teelöffel rote Paprikaflocken
- ¼ Tasse Tequila
- 10 Unzen japanische Gerste
- ½ Tasse Frühlingszwiebeln in dünne Scheiben schneiden und schräg schneiden
- 3 Esslöffel Sojasauce
- 3 Esslöffel Mirin
- 2 Esslöffel Sesamöl
- Salz und Pfeffer
- 1 Pint oder 16 Unzen Erdnussöl
- 2½ Teelöffel rote Pfefferflocken; bis zu 3
- 1 Esslöffel gehackter Knoblauch
- 3 Esslöffel Sojasauce
- 4 Esslöffel Worcestershire-Sauce
- 3 Esslöffel Reisweinessig
- 1 Teelöffel Kristallzucker; bis zu 2
- 1 Gurke gereinigt und geschält zum Garnieren; bis zu 2

ANWEISUNGEN:

a) Spießen Sie Garnelen auf, indem Sie zuerst den Schwanz und dann den Kopfbereich durchstechen. In eine flache Auflaufform oder Pfanne geben.

b) Säfte, Knoblauch, Ingwer, rote Paprikaflocken und Tequila vermischen und die Mischung über die flach in einer Auflaufform liegenden Garnelen gießen. Abdecken und über Nacht aushärten lassen. Das fertige Produkt sieht weiß, nicht durchscheinend und fest aus.

c) In Salzwasser die Gerste gemäß den Anweisungen auf der Tüte kochen. Durchkochen, abseihen und anschließend mit kaltem Wasser abspülen. In eine Schüssel geben, Frühlingszwiebeln, Sojasauce, Mirin und Sesamöl hinzufügen und vermischen. Fügen Sie Salz und Pfeffer hinzu, um den Geschmack auszugleichen.

RED HOT CHILI-ÖL-VINAIGRETTE:

d) Öl auf 140 Grad F erhitzen, rote Paprikaflocken hinzufügen, umrühren und 2 Stunden ziehen lassen.

e) In einer Küchenmaschine oder Schüssel mit Schneebesen Knoblauch, Sojasauce, Worcestershire-Sauce, Reisweinessig und Zucker vermischen und langsam Chiliöl hinzufügen, bis die Mischung leicht dickflüssig ist.

f) Gurken in Scheiben schneiden, außen auf dem Teller verteilen und Gerste in die Mitte geben. Garnelenspieße auf die Gerste legen und mit einer Schöpfkelle Vinaigrette auf die Teller träufeln.

23. Tosti Ceviche

ZUTATEN
- 72 Unzen mittelgroße Garnelen
- 5-6 mittelgroße Avocados
- 2 Gurken
- 1/2 Zwiebel
- 2 Tomaten
- 3 Jalapeño-Paprikaschoten
- 1 Bund Koriander
- 10-12 Limettensaft
- 15–30 Unzen Mayonnaise (nach Ihrem Geschmack)
- 6 Beutel grüne oder violette Tostitos-Chips
- 1 scharfe Valentina-Sauce

ANWEISUNGEN:
a) Entfernen Sie den Schwanz von der Garnele
b) Avocados, Gurken, Tomaten, Zwiebeln und Paprika in kleine Quadrate schneiden
c) Koriander hacken
d) Geben Sie alle Zutaten in eine Schüssel und fügen Sie je nach Geschmack Mayonnaise hinzu. Für etwas mehr Würze fügen Sie die scharfe Valentina-Sauce hinzu
e) Benutzen Sie die Tostitos-Chips und genießen Sie es

24. Ceviche Ecuatoriano

ZUTATEN

- 1,5 Pfund Garnelen (entdarmt, geschält) 40-50 Garnelen
- 1,5 Tasse rote Zwiebel
- 1/2 Tasse Limettensaft
- 1 Tasse Orangensaft
- 1/4 Tasse gehackter Koriander
- 1 Esslöffel Senf
- 2 Esslöffel Ketchup
- 1 Dose gewürfelte Tomate (14,5 oz)
- 1/4 Esslöffel Salz
- 3 Kochbananen
- Zimt

ANWEISUNGEN:

a) Gekochtes Wasser mit Salz, Pfeffer und Knoblauch
b) Wenn es zu kochen beginnt, legen Sie die Garnelen 5 Minuten lang hinein
c) Nehmen Sie die Garnelen heraus, geben Sie sie in einen Behälter mit kaltem Wasser und stellen Sie sie für 10 Minuten in den Kühlschrank
d) Bewahren Sie etwas Wasser auf, das Sie zum Kochen der Garnelen verwendet haben (3 Tassen).
e) In einer Schüssel Zwiebel, Limettensaft und Salz vermischen
f) Im Mixer mixen: abgetropfte Tomaten, Orangensaft, Ketchup, Senf, Koriander und Öl.
g) Alles zusammenmischen und genießen
h) Schneiden Sie die Kochbananen ab und geben Sie etwas Öl und Zimt hinzu (braten Sie es 12–14 Minuten lang bei 400 Grad an der Luft).

25. Garnelen-Ceviche-Cocktail von Cameron

ZUTATEN

- 1 Pfund Garnelen
- 1/4 Tasse Zitronensaft
- 1/2 Tasse Limettensaft
- nach Bedarf Saft einer frischen Zitrone
- 3 kleine Tomaten oder 2 mittelgroße, entkernt und gewürfelt
- 1 kleine Zwiebel, geschält und gewürfelt
- 1 Tasse Orangen-Mandarinensaft (oder einfacher Orangensaft)
- 1/2 Tasse Ketchup
- 1/4 Tasse frischer Koriander, gehackt
- 1/8-1/4 Tasse geschnittener oder gewürfelter Jalapeno,
- Spritzer zerstoßener roter Pfeffer nach Geschmack
- Spritzer schwarzer Pfeffer nach Geschmack
- je nach Geschmack Salz, 1/4 TL oder Menge nach Wunsch
- nach Bedarf Salzwasser zum Kochen bringen
- 2 kleine Avocados, geschält, entkernt und gewürfelt

ANWEISUNGEN:

a) Salzwasser in einem Topf zum Kochen bringen. Schalten Sie den Herd aus und fügen Sie sofort die geschälten und entdarmten Garnelen hinzu. 2-3 Minuten ruhen lassen, bis die Garnelen undurchsichtig sind, dann herausnehmen, abtropfen lassen und 10 Minuten lang beiseite stellen, bis sie abgekühlt sind.

b) Nach dem Abkühlen die Garnelen in 1/2 Zoll große Stücke schneiden und mit gewürfelten Tomaten, Zwiebeln, Jalapenos, Zitronensaft, Limettensaft, Salz, Paprika und Ketchup in die Schüssel geben.

c) Orangen-/Mandarinensaft hinzufügen, alle Zutaten vermischen und mit Frischhaltefolie abdecken. Für mindestens 1 Stunde, vorzugsweise jedoch mehr als 3 Stunden, in den Kühlschrank stellen

d) Mehl-/Mais-Tortillas in Chips schneiden und in auf 350 °F vorgeheiztes Öl geben, 2–4 Minuten braten, bis sie goldbraun sind oder den gewünschten Gargrad haben. Sofort salzen, zum Abtropfen in einen Korb hängen oder die Chips auf einen mit Küchenpapier ausgelegten Teller geben

e) Nehmen Sie die Garnelenmischung aus dem Kühlschrank, fügen Sie frisch gewürfelte Avocado hinzu, rühren Sie um und servieren Sie sie dann auf einem Teller. Kann in einer Schüssel oder einem schicken Glas serviert werden. Tortillas dazu serviert!

26. Rosa salzgepökelte Garnelen mit zartem Kokosnuss-Ceviche

ZUTATEN
FÜR GARNELEN
- 300 Gramm Garnelen, gewaschen, geschält, Schwanz und Kopf intakt
- 2-3 Limettenspalten
- 1 TL ganze schwarze Pfefferkörner
- 1 Zimtstange
- 2 Lorbeerblätter
- 2-3 grüne Kardamom

FÜR CEVICHE
- 1/2 Tasse Kokosmilch
- 1 Limettensaft
- 2-3 grüne und rote Chilischoten aufschneiden
- 1 Zwiebel sehr fein geschnitten
- je nach Geschmack Rosa Salz
- nach Bedarf Olivenöl zum Garnieren

ANWEISUNGEN:
a) Nehmen Sie die Garnelen und waschen Sie sie gut. Schälen, Kopf und Schwanz intakt lassen. In einen großen Topf Wasser, Limettenspalten, Lorbeerblatt, Zimt, Kardamom und ganze schwarze Pfefferkörner geben und aufkochen. Die Garnelen hinzufügen und die Flamme ausschalten. 3–5 Minuten pochieren lassen. Gießen Sie das Wasser ab, legen Sie den Fisch auf ein Blech und stellen Sie ihn 5 Minuten lang in den Kühlschrank

b) Geben Sie in eine Schüssel Kokosmilch, Limettensaft, Zwiebelscheiben, grüne und rote Chilischoten und rosa Salz. Den Fisch 15 Minuten lang in der Kokosmilch marinieren. Nochmals 15 Minuten kühl stellen

c) Anrichten und mit Olivenöl garnieren

27. Fisch- und Garnelen-Ceviche

ZUTATEN

- 1 roher Fisch ohne Gräten (Tilapia/Schwertfisch)
- 8-10 Stück rohe Garnelen
- 6 Stück Limette
- 1 Stück Zitrone
- 1 mittelgroße Tomate (in kleine Stücke geschnitten)
- 1 Jalapeño (gehackt)
- 1 mittelgroße rote Zwiebel (in kleine Stücke geschnitten)
- 1/2 Avocado (in kleine Würfel geschnitten)
- 1 / Tasse gehackter Koriander
- Salz
- Pfeffer
- Serrano-Pfeffer (gehackt) optional

ANWEISUNGEN:

a) Fisch und Garnelen in Würfel schneiden. In eine große Schüssel geben
b) Limette und Zitrone auspressen und mit dem Fisch und den Garnelen in der Schüssel vermischen. Stellen Sie sicher, dass die Meeresfrüchte vollständig bedeckt sind. Dazu können Sie mehr Limette hinzufügen.
c) Fügen Sie die Zwiebeln hinzu. Gut mischen. Mit Frischhaltefolie abdecken und für 1 1/2 Stunden in den Kühlschrank stellen. Die Meeresfrüchte werden in Limette gekocht. Es wird die Farbe ändern.
d) Überprüfen Sie nach 1 1/2 Stunden, ob alle Meeresfrüchte ihre Farbe verändert haben. Bedeutet, dass es bereits gekocht ist.
e) Wenn es fertig ist, fügen Sie Tomaten, Avocado, Koriander, Jalapeño-Pfeffer und Serrano-Pfeffer hinzu (optional, wenn Sie es scharf mögen). Gut mischen. Mit Salz und Pfeffer würzen.
f) Mit Tortilla-/Nachochips servieren. Am besten kalt servieren.

28. Ceviche-Cocktail im Stil von 1990

ZUTATEN

- 4 Tassen Clamato (kalt)
- 1/2 Tasse süße Zwiebel fein würfeln
- 1 große Avocado gewürfelt
- 1 Gurke gewürfelt
- 2 Tassen geschälte, verzehrfertige, gewürfelte Garnelen
- 1/2 Tasse fein gewürfelter Koriander
- 1 Zitrone/Limette (ausgepresst)
- nach Geschmack Salz/Pfeffer
- 1/4 Tasse Frühlingszwiebel gewürfelt
- 1 Esslöffel feine Jalapeño-Würfel

ANWEISUNGEN:

a) Alle Zutaten in ein Glas oder einen Plastikbehälter geben, gut vermischen und genießen!

29. Kabeljau-, Ahi- und Erbstück-Tomaten-Ceviche

ZUTATEN

- 1 große rote Zwiebel, fein hacken
- 3 LG Jalapeños, entkernt und gehackt
- 2 gelbe Boy-Tomaten, gehackt
- 2 Brandyweintomaten, gehackt
- 3/4 Pfund 51–60 Stück gekochte Garnelen, geschält und ohne Schwanz
- 2 EL gehackter Knoblauch
- 1 Bund Koriander, gehackt
- 1 TL Kreuzkümmel
- 1 TL Chilipulver
- 1-2 EL koscheres Salz nach Geschmack
- Saft von 4 großen Limetten
- 1 1/2 Pfund. Leng-Kabeljau, in mundgerechte Stücke geschnitten
- 4 Unzen Ahi-Thunfischfilet, in mundgerechte Stücke geschnitten
- Toppings
- Geriebener Cheddar-Käse
- Geriebener Cotija-Käse
- Scharfe Soße
- Tostada-Muscheln

ANWEISUNGEN:

a) Beide Fischsorten und Limettensaft in einer Schüssel vermischen. Eine halbe Stunde kühl stellen. Oft umrühren

b) Die restlichen Zutaten außer dem Belag in einer weiteren großen Schüssel vermengen. Gut umrühren.

c) Nach einer halben Stunde sollte der Fisch undurchsichtig sein. Zusammen mit dem Saft in eine andere Schüssel geben. Gut umrühren. Eine halbe Stunde kühl stellen.

d) Nochmals gut umrühren. Eine Tostada-Schale anrichten. Mit Ceviche belegen. Cheddar und Cotija hinzufügen. Mit scharfer Soße beträufeln. Sofort servieren. Genießen.

30. Ceviche de Camarones

ZUTATEN
- 1 Pfund halbgekochte Garnelen
- 1/2 Tasse Tomatensauce
- 1/2 Tasse Mayonnaise
- 1 Esslöffel geriebener Koriander
- 1/4 der roten Zwiebel zerkleinert
- 3 Limette
- Salz und Pfeffer nach Geschmack

ANWEISUNGEN:
a) Tomatensauce und Mayonnaise verrühren.
b) Bringen Sie die Garnelen 2-3 Minuten lang zum Grillen und nehmen Sie sie dann heraus
c) Das Grillwasser.
d) Alle restlichen Zutaten in einer Schüssel vermischen.
e) Dann die Garnelen dazugeben und erneut verrühren.
f) Die gesamte Mischung in eine Schüssel geben und schon kann sie serviert und genossen werden.

31. Garnelen-Ceviche und Avocado-Tacos oder Dip

ZUTATEN

- 1 Esslöffel Limettenschale (ca. 2 Limetten)
- 1/4 Tasse Limettensaft (ca. 2 Limetten)
- 1 Teelöffel Salz
- 1 Tasse gewürfelte Tomaten
- 1 Tasse Avocado geschält und gewürfelt (ca. 2 Hasel Avocados)
- 1/2 Tasse Koriander
- 1 Pfund gekochte Garnelen
- 10 Tortillas
- 1 Tüte Tostitos Limettenchips im Restaurantstil

ANWEISUNGEN:

Alle Zutaten (außer den Tortillas/Chips) in einer großen Rührschüssel vermischen.
Abdecken und mindestens 15 Minuten im Kühlschrank lagern
Geben Sie die Mischung auf die Tortillas oder essen Sie die Chips mit den Chips.

32. Südwestliches Ceviche

ZUTATEN
FÜR DIE MEERESFRÜCHTE
- 2 (16 oz) Beutel EX große Garnelen
- 2 (16 oz) Beutel gedämpftes Krabbenfleischimitat
- 1 (16 oz) Beutel rohe kleine Jakobsmuscheln
- 10 Unzen frischer roher Thunfisch

FÜR GEMÜSE UND FRÜCHTE
- 1 Tasse EX LG EX feste Tomate [entkernt – gehackt]
- 2 Tassen EX feste Gurken [geschält – entkernt]
- 1 Tasse grüne Paprika [entkernt – klein gehackt]
- 1/2 Tasse gelbe Paprika [entkernt – klein gehackt]
- 1/2 Tasse rote Paprika [entkernt – klein gehackt]
- 1/2 Tasse Orangenpaprika [entkernt – klein gehackt]
- 1 Tasse Sellerie [klein gehackt – mit Blättern]
- 1 Tasse süße Vidalia-Zwiebel [klein gehackt]
- 1 Tasse rote Zwiebel [klein gehackt]
- 1/2 Tasse Frühlingszwiebeln [klein gehackt]
- 1 Tasse Radieschen [in Scheiben geschnitten]
- 1 Tasse Jalapeños [fein gehackt]
- 1 Tasse Anaheim Green Chilis [klein gehackt]
- 1 mittelgroße Limette, entsaftet + Schale [+ 1/4 Tasse Limettensaft reserviert]
- 1 mittlerer Zitronensaft + Schale
- 1 mittlerer Orangensaft + Schale
- 1 LG Bund Korianderblätter [gehackt – ohne Stiele]
- 1 LG Bund Petersilienblätter [gehackt – ohne Stiele]

FÜR SÄFTE, KRÄUTER & GEWÜRZE
- 1 EL mexikanischer oder traditioneller Safranfaden
- nach Geschmack Tabasco-Sauce [wir verwenden mindestens eine halbe Flasche]
- 1 1/2 EL fein gehackter Knoblauch
- 1 EL Worcestershire-Sauce
- 1 TL schwarzer Pfeffer
- 1 TL mexikanischer Oregano [zerstoßen]
- 1 TL italienisches Gewürz

- 1 TL gemahlener Kreuzkümmel
- 1 TL Cayennepfeffer
- nach Bedarf gekühlter Clamato-Saft [geschüttelt]
- 1 Good Splash Chilled Spicy V8 Juice [geschüttelt]

ANWEISUNGEN:

a) Legen Sie Ihre gehackten Zwiebeln, Jalapeños, alle Paprika und Anaheim-Paprika in eine separate Schüssel und lassen Sie sie 30 Minuten lang gekühlt. Fügen Sie den Saft und die Schale einer Limette, einer Zitrone und einer Orange hinzu, würzen Sie beides und kochen Sie Ihr hartes Gemüse.

b) Alle Gemüse vorsichtig miteinander vermischen. Fügen Sie zusätzlich 1/4 Tasse Limettensaft hinzu.

c) Fügen Sie Ihre Clamato [genug, um das Gemüse zu bedecken] und einen guten Schuss Spicy V8 Juice hinzu. Fügen Sie außerdem alle Gewürze hinzu. Nochmals vorsichtig gut vermischen. Sie möchten Ihr frisches Gemüse nicht beschädigen.

d) Im Bild sind frische Garnelen, Jakobsmuscheln, Krabbenfleisch und Thunfisch aufgetaut. Schwänze von Garnelen entfernt. Verwenden Sie kein echtes Krabbenfleisch, es sei denn, Sie planen, die gesamte Schüssel an einem Nachmittag oder Abend zu verzehren. Andernfalls geht Ihr Ceviche doppelt so schnell nach Süden. Auch im gekühlten Zustand. Es wird auch Ihre Brühe trüben.

e) Fügen Sie Ihr gesamtes Gemüse und Ihre Meeresfrüchte sowie bei Bedarf zusätzlich Clamato und Tabasco hinzu, um alle Zutaten vollständig zu bedecken.

f) Alles vorsichtig gut zusammenfalten. Geben Sie keine Avocados in die Hauptschüssel. Servieren Sie sie immer als Beilage. Andernfalls wird Ihre Ceviche-Brühe trüb. 3 Stunden kalt stellen. Seien Sie sich bewusst, dass dieses Gericht besser wird, wenn sie sich ausruht und entspannt. Auch 3 Tage später. Gelegentlich vorsichtig umrühren.

g) Mit hochwertigen Crackern, Mehl-Tortillas, zusätzlicher Tabasco-Sauce, frischen Avocadoscheiben und eiskaltem mexikanischem Bier servieren.

33. Scharfes Garnelen-Ceviche nach laotischer Art

ZUTATEN

1 Pfund ungekochte, entdarmte Garnele
1 Tasse frischer Limettensaft
1/2 Tasse gehackter Koriander
1/2 Tasse gehackte Frühlingszwiebel
2 EL fermentierte Sardellensauce
2 TL Fischsauce
1/3 Tasse gerösteter weißer Reis
4 Stück getrocknetes Thai-Chili
Minze (Beilage)

ANWEISUNGEN:

Rohe Garnelen fein hacken und abspülen, in eine mittelgroße Schüssel geben und Limettensaft darüber geben. Umrühren und mit Plastikfolie abdecken. 30 Minuten lang in den Kühlschrank stellen und alle 15 Minuten umrühren.

In einer kleinen Pfanne ungekochten weißen Reis leicht rösten, bis er braun ist. Zusammen mit den getrockneten Thai-Chilis in den Mixer geben und grob pürieren.

Nachdem die Garnelen 30 Minuten lang fest geworden sind, drücken Sie den gesamten Saft der Garnelen in einen kleinen erhitzten Topf. Die fermentierte Sardellensoße einrühren, bis sie eingekocht ist. Rühren Sie etwa 7–10 Minuten lang weiter oder bis die Masse eingedickt ist.

Die Reduktion in die Schüssel mit den Garnelen geben und die restlichen Zutaten unterrühren. Mit Minzblättern garnieren und genießen!

34. Pikantes Limetten-Garnelen-Avocado-Ceviche

ZUTATEN
- 1 Pfund gekochte Garnelen (geschält und entdarmt)
- 1 Hass-Avocado (gewürfelt)
- 1 mittelgroße Tomate (gewürfelt)
- 1 EL Koriander (gehackt)
- 1/2 Tasse rote Zwiebel (gewürfelt)
- 3 Limetten, Saft davon
- 1 TL Olivenöl
- 1 Salz und Pfeffer zum Abschmecken
- 1 Salat (optional)

ANWEISUNGEN:
a) Sammeln Sie alle Zutaten
b) In einer kleinen Schüssel die gehackten roten Zwiebeln, Limettensaft, Olivenöl und eine Prise Salz und Pfeffer vermischen.
c) Lassen Sie sie mindestens 5 Minuten lang marinieren, um den Geschmack der Zwiebel abzumildern.
d) In einer großen Schüssel die gehackten Garnelen, Avocado und Tomaten vermischen. Alle Zutaten vermischen, Koriander dazugeben und vorsichtig vermischen. Nach Geschmack Salz und Pfeffer hinzufügen.
e) OPTIONAL: Belegen Sie Ihren Lieblingssalat mit Ceviche. Schmeckt gut!

35. Regenbogen-Ceviche

ZUTATEN

- 5 Pfund Garnelen, geschält und entadert
- 1 Pfund Krabbenfleischimitat
- 5 Pfund frische Limetten
- 5 kleine Avocados
- 2 große Gurken
- 2 große halbreife Tomaten
- 2 Koriander
- 1 grüne Paprika
- 1 rote Paprika
- 1 gelbe Paprika
- 1 rote Zwiebel
- 1 weiße Zwiebel
- Salz und Pfeffer

ANWEISUNGEN:

a) In kaltem Wasser waschen. Wenn es gefroren ist, auf natürliche Weise auftauen. Nicht in der Mikrowelle oder mit heißem Wasser auftauen.
b) Zweimal mit heißem Wasser waschen. Von Hand in Stücke reißen. Mit aufgetauten Garnelen vermischen und beiseite stellen. Tiefgekühlt lagern.
c) Den Saft vollständig auspressen. Achten Sie darauf, das Fruchtfleisch getrennt zu halten. Den Limettensaft mit Garnelen- und Krabbenfleisch vermischen. Stellen Sie sicher, dass Garnelen- und Krabbenfleisch vollständig im Limettensaft eingeweicht sind. Bewahren Sie es abgedeckt und gekühlt auf.
d) Bereiten Sie das Gemüse und die Avocado vor. In gleichmäßige, quadratische Stücke schneiden. Die Korianderblätter (ohne Stiele) in feine Stücke schneiden. Das geschnittene Gemüse, die Avocado und den Koriander in einer separaten Schüssel vermischen. Bewahren Sie es abgedeckt und gekühlt auf.
e) Wenn die Farbe der Garnelen in leuchtendes Orange wechselt, sind die Garnelen fertig. Mischen Sie die Schüssel mit Garnelen- und Krabbenfleisch mit der Schüssel mit Gemüse.
f) Salz und Pfeffer sparsam hinzufügen. Wenn der Geschmack sauer ist, fügen Sie nach Bedarf mehr Salz und/oder Pfeffer hinzu. Garniert mit geriebener Orangenschale als Garnitur.
g) Kalt mit Tostadas (oder bevorzugten Alternativen) servieren. Erinnerung: Im Kühlschrank aufbewahren, um ein schnelles Verderben zu verhindern.

36. Oregon-Garnelenfleisch-Ceviche

ZUTATEN

- 2 Gurken, gehackt
- 5 mittelgroße Tomaten, gehackt
- 1 rote Zwiebel, gewürfelt
- 2 bis 3 Jalapenos gehackt
- 4 Avocados, klein gewürfelt
- 1 Bund Koriander, gehackt
- 2 EL gehackter Knoblauch
- 2 TL Salz
- 1/2 Tasse Orangensaft
- 1/4 Tasse Zitronensaft
- 1/4 Tasse Limettensaft
- 2 Pfund Oregon-Garnelenfleisch (vorgekocht)

ANWEISUNGEN:

a) Alle benötigten Zutaten hacken, hacken und würfeln.
b) Kombinieren Sie alles in einer nicht reaktiven Schüssel.
c) Lassen Sie alle Aromen mindestens 4 Stunden lang miteinander verschmelzen.
d) Auf Tostadas, Tortillachips oder Crackern servieren.

37. Garnelen- und Muschel-Ceviche

ZUTATEN

- 1 Tasse mittelgroße gekochte Garnelen
- 1 Tasse gekochte saubere Muschel
- 1 Unze geraspelte natürliche Kokosnuss
- 1 Tasse natürlicher Zitronensaft
- 1/4 Tasse natürlicher Orangensaft
- 2 EL geraspelte Karotte
- 3 EL geschnittene weiße Juliane-Zwiebel
- 1 EL gehackter Sellerie
- 1 TL Kokoscreme
- 1/4 Tasse Kokosnussöl
- 1 Meersalz
- Kreuzkümmel

ANWEISUNGEN:

a) Garnelen putzen und c
b) Garnelen und Muscheln 1,30 Minuten in Wasser kochen, bis sie vollkommen gekühlt sind
c) Setzen Sie die Garnelen und Muscheln einem Hitzeschock in eiskaltes Wasser, um den Kochvorgang zu stoppen
d) Garnelen und Muscheln in eine Rührschüssel geben
e) Fügen Sie Meersalz, Cummins und Gewürze hinzu und schmecken Sie mit Zitronensaft und Orangensaft ab
f) Zwiebel, Sellerie und Karotte hinzufügen
g) Lassen Sie sie etwa 2 Minuten lang vermischen
h) Geben Sie dann alle Zutaten ohne den Saft in eine andere Rührschüssel, wir brauchen nur noch den Geschmack
i) Dann die Kokoscreme, die Kokosraspeln und das gesüßte Kokosöl hinzufügen

38. Karibisch würziges Ceviche

ZUTATEN
MARINADE
- 1/2 TL Zucker
- 1/2 TL Salz
- 1/4 TL gemahlener schwarzer Pfeffer
- 1 scharfe Soße nach Geschmack
- 2 Unzen frischer Limettensaft
- 2 Unzen frischer Zitronensaft
- 4 Unzen frischer Orangensaft

Garnierungen
- 4 Unzen entkernte und 1/4 Zoll große Tomaten
- 2 Unzen Paprika mit grünen/roten Kernen, 1/8 Zoll gewürfelt
- 2 Unzen Zwiebel, 0,35 cm klein gehackt, dann mit einer Stunde Wasser abgespült und abtropfen lassen
- 2 EL Korianderblätter gehackt
- 2 EL gehackte Petersilie
- 2 Serrano-Paprikaschoten, entkernt und fein gewürfelt
- 2 Jalapenopfeffer, entkernt, fein gewürfelt
- 5 Habanero, entkernt und fein gewürfelt

SCHALTIER
- 32 Unzen kochendes Wasser
- 1 Frühlingszwiebel, weißer Teil und 1 Zoll grüne Scheiben
- 20 Garnelen geschält und entdarmt
- 12 Unzen Muscheln, geschrubbt und entbartet
- 12 Babymuscheln
- 6 Unzen Jakobsmuscheln, abgespült
- 2 Unzen Weißwein
- 1 Unze Schalotten gewürfelt
- 1 Tostadas oder Tortillachips

ANWEISUNGEN:
Die Zutaten für die Marinade gut vermischen und im Kühlschrank aufbewahren
Vorbereitete Beilagen beiseite legen
Wasser zum Kochen bringen und 5 Minuten köcheln lassen

Geben Sie die Garnelen in das gerade gekochte Wasser, nehmen Sie sie heraus und lassen Sie sie abkühlen, damit sie nicht gummiartig werden

Die Flüssigkeit wieder zum Kochen bringen, Jakobsmuscheln hinzufügen und vom Herd nehmen und 3 Minuten stehen lassen

Die Jakobsmuscheln sollten in der Mitte milchig weiß sein, abtropfen lassen und unter klarem Wasser abspülen.

Muscheln, Muscheln, Wein und Schalotten in einem Topf mit Deckel vermengen und dämpfen, bis alle Schalen geöffnet sind. Ungeöffnete Schalen wegwerfen

Entsorgen Sie die Schalen und würfeln Sie alle Schalentiere (Garnelen, Jakobsmuscheln, Muscheln und Venusmuscheln).

Marinade, Schalentiere und Beilagen gut vermischen und mindestens zwei Stunden im Kühlschrank lagern. Vor dem Servieren die Gewürze prüfen

39. Sommer-Ceviche

ZUTATEN
- 1 Gurke – gehackt
- 2 Tassen Grünkohl – in Scheiben geschnitten
- 1 süße Zwiebel
- 2 Pfund Garnelen – klein/mittel
- 2 Pfund Krabbe
- 8 Limette – entsaftet
- 1 Roma-Tomate
- Je 1 Stück: Avocado – kleine Würfel
- 3 Tostada-Muscheln (30 Stück)
- 1 Portion scharfe Soße
- 2 Jalapeno
- 1 Serrano
- 1 Tasse gehackter Koriander

ANWEISUNGEN:

a) Bereiten Sie alle Speisen wie angegeben zu. Garnelen, gekochte Krabben und Limette in eine Schüssel geben.

b) 30 Minuten kochen lassen.

c) Alle anderen Zutaten hinzufügen und gut vermischen. Verwenden Sie scharfe Soße zum Abschmecken und Tostada-Muscheln zum Essen mit einem Löffel.

40. Garnelen- und Krabben-Ceviche

ZUTATEN
- 2 Pfund gereinigte und entdarmte Garnelen
- 1 große Packung Krabbenimitat
- 12 Roma-Tomaten
- 1 lila Zwiebel
- 2 Bund Koriander
- 2 Jalapenos
- 2 Gurken
- 6 Limetten entsaftet
- 1 scharfe Soße
- 2 TL Knoblauchsalz nach Geschmack
- 3 TL Salz nach Geschmack

ANWEISUNGEN:

a) Beginnen Sie damit, Ihre Garnelen etwa 6–7 Minuten lang rosa zu kochen. Sobald Sie fertig sind, stellen Sie den Topf in den Gefrierschrank und lassen Sie das Wasser und alles abkühlen.

b) Schneiden Sie Ihr Gemüse in zwei Hälften und zerkleinern Sie es nach und nach mit abwechselndem Salz und Knoblauchsalz. bis alles fein gehackt ist. Wenn Sie es von Hand zubereiten, hacken Sie das gesamte Gemüse fein und geben Sie es in eine große Schüssel. Nach und nach etwas Gewürz hinzufügen.

c) Jetzt können Sie Ihre Krabben auch pulsieren oder von Hand zerkleinern oder nach Belieben fein hacken. Zur Mischung hinzufügen

d) Garnelen pulsieren oder fein hacken und zur Mischung hinzufügen. Für den gewünschten Effekt können Sie einige Garnelen ganz lassen. Geben Sie nun die abgekühlte Garnelenbrühe zur Mischung hinzu.

e) Nach Belieben Limettensaft und scharfe Soße hinzufügen und gut umrühren

f) Sofort servieren oder im Kühlschrank aufbewahren.

41. Mango-Garnelen-Ceviche

Macht: 6

ZUTATEN

1 Pfund mittelgroße Garnelen von guter Qualität, entdarmt und gewürfelt
Saft von 3 großen Limetten
1 Tasse Tomate, gewürfelt
3/4 Tasse Koriander, gehackt
2/3 Tasse Ananas-Leckerbissen, abgetropft (4 oz)
2/3 Tasse frische Mango, gewürfelt (1 kleine Mango)
1/2 Tasse weiße oder grüne Zwiebel, gewürfelt
1 1/2 EL. Frischer Knoblauch, gehackt
3/4 TL Salz
Pfeffer nach Geschmack
1 Avocado, gewürfelt

ANWEISUNGEN:

In einer großen Schüssel Garnelen und Limettensaft vermischen. 30–45 Minuten im Kühlschrank ruhen lassen, bis die Garnelen weiß erscheinen.

Während die Garnele „kocht", verrühren Sie alle Zutaten bis zur Avocado. Abdecken und bis zur Verwendung im Kühlschrank aufbewahren.

Sobald die Garnelen gar sind, den Limettensaft abgießen. Drücken Sie die Garnelen etwas aus, um sicherzustellen, dass der Überschuss vollständig entfernt ist.

Die Garnelen zusammen mit der Avocado in die Schüssel geben und gut umrühren. Mit Salz und Pfeffer abschmecken.

42. Ceviche de Camaron im Sonora-Stil

Ergibt: 4 Portionen

ZUTATEN

a) 1 Pfund. rohe Garnelen (gefroren oder frisch), geschält und entdarmt
b) Limettensaft – etwa 5 Limetten oder mehr nach Bedarf
c) 1 Gurke – in kleine Stücke gewürfelt
d) ⅓ weiße mittelgroße Zwiebel
e) 2 kleine Tomaten – in kleine Stücke gewürfelt
f) 2 Serrano- oder Jalapeño-Paprikaschoten (oder jeweils eine), fein gehackt – Samen optional
g) ⅓ Tasse frischer Koriander, fein gehackt
h) 1 Tasse Clamato-Saft oder V8-Tomatensaft
i) Salz und Pfeffer nach Geschmack
j) 1 Avocado in kleine Stücke geschnitten
k) Ketchup je nach Geschmack optional

ANWEISUNGEN:

a) Garnelen in kleine Stücke schneiden und in einen Plastik- oder Glasbehälter geben
b) Fügen Sie den Limettensaft hinzu und achten Sie darauf, dass alle Garnelen damit bedeckt sind (ggf. noch mehr Limettensaft hinzufügen).
c) Decken Sie die Garnelen ab und stellen Sie sie mindestens drei Stunden (am besten über Nacht) in den Kühlschrank.
d) Alles Gemüse mischen und im Kühlschrank beiseite stellen.
e) Wenn die Garnele gar ist (sie wird rosa sein), das Gemüse, den Clamato-Saft, Salz und Pfeffer hinzufügen und gut vermischen.
f) Mit Tostadas, Saltines oder Tortillachips servieren. Fügen Sie Ihrer persönlichen Portion etwas Ketchup hinzu, wenn Sie welche verwenden möchten.

43. Avocado-Garnelen-Ceviche-Estillo Sarita

Macht: 4

ZUTATEN
- 2 Pfund große Garnelen – geschält, entdarmt und gehackt
- ¾ Tasse frischer Limettensaft
- 5 Roma-Tomaten (Pflaumentomaten), gewürfelt
- 1 weiße Zwiebel, gehackt
- ½ Tasse gehackter frischer Koriander
- 1 Esslöffel Worcestershire-Sauce
- 1 Esslöffel Ketchup
- 1 Teelöffel scharfe Pfeffersauce
- Salz und Pfeffer nach Geschmack
- 1 Avocado – geschält, entkernt und gewürfelt
- 16 Salzcracker

ANWEISUNGEN:
a) Garnelen und Limettensaft in eine große Schüssel geben und verrühren. Etwa 5 Minuten stehen lassen oder bis die Garnelen undurchsichtig sind. Der Limettensaft wird sie garen. Tomaten, Zwiebeln und Koriander untermischen, bis sie mit Limettensaft bedeckt sind; abdecken und 1 Stunde kühl stellen.

b) Aus dem Kühlschrank nehmen und Worcestershire-Sauce, Ketchup, scharfe Sauce, Salz und Pfeffer untermischen.

c) In Gläsern servieren und mit Avocadostücken belegen. Stellen Sie zusätzliche Worcestershire-Sauce, Ketchup, Limettenschnitze und scharfe Soße bereit, damit die Gäste ihr Gericht individuell gestalten können. Mit Salzcrackern servieren.

44. Ceviche nach Sinaloa-Art

Macht: 10

ZUTATEN
3 Pfund rohe Garnelen – geschält, entdarmt und in kleine Stücke geschnitten
½ weiße Zwiebel, fein gehackt
14 Limetten, entsaftet, geteilt
1 Serrano-Chilischote
1 Pfund Krabbenfleischimitat, zerkleinert
3 Tomaten, entkernt und fein gehackt
1 Gurke, entkernt und fein gehackt
½ rote Zwiebel, in dünne Scheiben geschnitten
4 Jalapenopfeffer, in Scheiben geschnitten
1 Bund Koriander, gehackt
½ Tasse Tomaten- und Muschelsaftcocktail (z. B. Clamato®)
Salz und gemahlener schwarzer Pfeffer nach Geschmack

ANWEISUNGEN:
Garnelen, weiße Zwiebeln und den Saft von 7 Limetten in einer großen Schüssel vermischen. Mit Plastikfolie abdecken und etwa 12 Stunden im Kühlschrank lagern, bis die Garnelen undurchsichtig sind. Abgießen und angesammelten Saft auffangen.
Den Saft der restlichen 7 Limetten mit der Serrano-Chilischote vermischen. In eine große Schüssel füllen.
Garnelen-Zwiebel-Mischung, Krabbenfleisch, Tomaten, Gurken, rote Zwiebeln, Jalapenopfeffer und Koriander in der Schüssel vermischen. Tomaten- und Muschelsaft-Cocktail unterrühren. Mit Salz und schwarzem Pfeffer würzen.

45. Meeresfrüchte-Medley-Ceviche

Macht: 8

ZUTATEN
- ½ Pfund Jakobsmuscheln, in kleine Stücke geschnitten
- ½ Pfund Garnelen, in kleine Stücke geschnitten
- ½ Pfund Tilapia, in kleine Stücke geschnitten
- 2 mittelgroße Zitronen, entsaftet
- 2 mittelgroße Limetten, entsaftet
- 1 mittelgroße Orange, entsaftet
- 1 mittelgroßer Serrano-Pfeffer, gewürfelt
- 1 mittelgroße Avocado, gewürfelt
- 1 mittelgroße Tomate, entkernt und gewürfelt
- ½ mittelgroße Gurke, geschält und gewürfelt
- ½ mittelgroße rote Zwiebel, gewürfelt
- ⅛ Tasse gehackter frischer Koriander
- 4 Knoblauchzehen, gehackt
- ¼ Tasse Tomaten- und Muschelsaftcocktail
- 2 Esslöffel Weißweinessig
- 1 Teelöffel Salz
- 1 Teelöffel Zitronen-Pfeffer-Gewürz
- ½ Teelöffel Worcestershire-Sauce
- ¼ Teelöffel gemahlener weißer Pfeffer

ANWEISUNGEN:

a) Jakobsmuscheln, Garnelen, Tilapia, Zitronensaft, Limettensaft, Orangensaft und Serrano-Pfeffer in einer großen Schüssel vermischen. Abdecken und 1 Stunde im Kühlschrank lagern, dabei ab und zu umrühren.

b) Avocado, Tomate, Gurke, rote Zwiebel, Koriander und Knoblauch in einer mittelgroßen Schüssel vermischen.

c) Tomaten- und Muschelsaft, Essig, Salz, Zitronen-Pfeffer-Gewürz, Worcestershire-Sauce und weißen Pfeffer in einer kleinen Schüssel verquirlen. Über die Avocado-Mischung gießen und umrühren.

d) Lassen Sie einen Teil des Zitrussafts von der Meeresfrüchtemischung abtropfen. Avocado-Tomatensaft-Mischung hinzufügen und verrühren. Vor dem Servieren weitere 20 Minuten in den Kühlschrank stellen.

46. <u>Bloody Mary Ceviche</u>

Macht: 8

ZUTATEN
- 1 Pfund gekochte, geschälte und entdarmte Garnelen
- 1 Pfund Roma-Tomaten (Pflaumentomaten), gehackt
- ½ rote Zwiebel, gehackt
- 1 Gurke, gehackt
- 1 Bund Koriander, gehackt
- ¾ Tasse abgefüllte Bloody-Mary-Mischung
- 2 Limetten
- scharfe Pfeffersauce nach Geschmack
- Salz und schwarzer Pfeffer nach Geschmack

ANWEISUNGEN:
a) Garnelen, Tomaten, rote Zwiebeln, Gurken und Koriander in einer Schüssel leicht vermischen und die Bloody-Mary-Mischung hineingießen.
b) Drücken Sie die Limetten über die Mischung, fügen Sie einen Schuss scharfe Pfeffersauce hinzu und streuen Sie Salz und Pfeffer darüber.
c) Nochmals umrühren, die Schüssel abdecken und unter gelegentlichem Rühren 3 bis 4 Stunden in den Kühlschrank stellen.

47. Tilapia und Garnelen-Ceviche-Sashimi

Macht: 6

ZUTATEN
- 8 Unzen frischer Tilapia, in kleine Würfel gewürfelt
- 8 Unzen gekochte Garnelen, ohne Schwänze, in kleine Stücke geschnitten
- 4 Esslöffel Sushi-Reis-Dressing
- 1 Tasse gewürfelte Ananas
- Saft von 1 Limette
- 1 kleine Jalapeño-Chilischote, entkernt und fein gehackt
- ½ Teelöffel gehackter Knoblauch
- ¼ kleine rote Paprika, kleine Würfel
- 4 Teelöffel gehackte Frühlingszwiebeln, nur die grünen Teile
- 4 Zweige frische Korianderblätter, gehackt
- Kochbananenchips zum Servieren

ANWEISUNGEN:
a) Kombinieren Sie den Tilapia und die Garnelen in einer mittelgroßen, nichtmetallischen Schüssel. Die restlichen Zutaten hinzufügen und gut verrühren.
b) Vor dem Servieren mindestens 1 Stunde im Kühlschrank lagern. Legen Sie zum Servieren Kochbananenchips als Esslöffel beiseite.

48. Amerikanisches Ceviche

ZUTATEN

- 1 Packung gekochte mittelgroße Garnelen
- 2 Packungen Krabbenfleischimitat
- 5 Tomaten, gewürfelt
- 3 mittelgroße (leere) Avocados
- 1 englische Gurke
- 1 rote Zwiebel, gewürfelt
- 1 Bund Koriander, gehackt
- 4 Limetten, entsaftet
- 2 Jalapeño-Paprika,
- 2 Knoblauchzehen, gepresst
- 1 Flasche Tomaten-Muschelsaft-Cocktail
- 1 Prise Salz und gemahlener schwarzer Pfeffer

ANWEISUNGEN:

● Garnelen, Krabbenimitat, Tomaten, Avocados, Gurken, rote Zwiebeln, Koriander, Limettensaft, Jalapeño-Paprika und Knoblauch in einem Behälter mit Deckel vermischen; Tomaten-Muschelsaft-Cocktail über den Salat gießen und vermischen. Mit Salz und schwarzem Pfeffer abschmecken.

● Den Salat über Nacht im Kühlschrank marinieren lassen; Vor dem Servieren noch einmal umrühren.

49. Avocado-Garnelen-Ceviche

ZUTATEN

a) 2 Pfund große Garnelen – geschält
b) 3/4 Tasse frischer Limettensaft
c) 5 Pflaumentomaten
d) 1 weiße Zwiebel, gehackt
e) 1/2 Tasse gehackter frischer Koriander
f) 1 Esslöffel Worcestershire-Sauce
g) 1 Esslöffel Ketchup
h) 1 Teelöffel scharfe Pfeffersauce
i) 1 Prise Salz und Pfeffer nach Geschmack
j) 1 Avocado – geschält, entkernt und gewürfelt
k) 16 Cracker, Salzcracker

ANWEISUNGEN:

50. Garnelen und Limettensaft in eine große Schüssel geben und umrühren. Lassen Sie es ca. 5 Minuten einwirken, bis die Garnelen undurchsichtig sind. Tomaten, Zwiebeln und Koriander untermischen, bis sie mit Limettensaft bedeckt sind; Abdecken und nur eine Stunde im Kühlschrank lagern.
51. Aus dem Kühlschrank nehmen und Worcestershire-Sauce, Ketchup, scharfe Sauce, Salz und Pfeffer untermischen.
52. In Gläsern servieren und mit Avocadostücken belegen. Stellen Sie zusätzliche Worcestershire-Sauce, Ketchup, Limettenspalten und scharfe Soße zusammen, damit die Leute ihr Gericht individuell gestalten können. Mit Salzcrackern servieren.

50. Ceviche Peruano

ZUTATEN

- 2 mittelgroße Kartoffeln
- 2 Süßkartoffeln
- 1 rote Zwiebel, in dünne Streifen schneiden
- 1 Tasse frischer Limettensaft
- 1/2 Stangensellerie, in Scheiben geschnitten
- 1/4 Tasse leicht gepackte Korianderblätter
- 1 Prise gemahlener Kreuzkümmel
- 1 Knoblauchzehe, gehackt
- 1 Habanero-Pfeffer
- 1 Prise Salz und frisch gemahlener Pfeffer
- 1 Pfund frischer Tilapia, in 1/2 Zoll große Stücke geschnitten
- 1 Pfund mittelgroße Garnelen – geschält,

ANWEISUNGEN:

a) Die Kartoffeln und Süßkartoffeln in einen Topf geben und mit Wasser bedecken. Legen Sie die geschnittene Zwiebel in eine Schüssel mit warmem Wasser.

b) Sellerie, Koriander und Kreuzkümmel vermischen und Knoblauch und Habanero-Pfeffer unterrühren. Mit Salz und Pfeffer würzen, dann den gewürfelten Tilapia und die Garnelen unterrühren

c) Zum Servieren die Kartoffeln schälen und in Scheiben schneiden. Die Zwiebeln unter die Fischmischung rühren. Servierschüsseln mit Salatblättern auslegen. Das aus Saft bestehende Ceviche in die Schüsseln geben und mit Kartoffelscheiben garnieren.

51. Ceviche-Selbstporträt

ZUTATEN

- 1 Pfund Garnelen, geschält und entdarmt
- 4 Fruchtlimetten, entsaftet
- 4 Pflaumentomaten
- 1/2 gelbe Zwiebel, fein gewürfelt
- 1 Gurke, geschält, entkernt
- 4 Paprika Serrano-Paprika, entkernt
- 1 Teelöffel Salz und Pfeffer nach Geschmack
- 12 Tostada-Muscheln
- 1 Esslöffel scharfe Pfeffersauce

ANWEISUNGEN:

a) Garnelen würfeln und in eine Rührschüssel geben. Den Limettensaft über die Garnelen pressen, bis sie vollständig bedeckt sind (ca. 4 Limetten). Tomaten, Zwiebeln, Gurken, Serrano-Paprika sowie Salz und Pfeffer unterrühren. Abdecken und 1 Stunde im Kühlschrank lagern.

b) Zum Servieren je nach Bedarf mit Salz und Pfeffer abschmecken. Zusammen mit Tostada-Muscheln und nach Wunsch mit einem Schuss scharfer Soße servieren.

52. Ceviche Solero

Ergibt: 1 Portion

a) 1 Pfund Garnelen; gereinigt, geschält und geschnitten
b) 1 Pfund Schnapperfilets; gehäutet und geschnitten
c) 1 Esslöffel Olivenöl
d) 1 Esslöffel frischer Orangensaft
e) 1 Esslöffel weißer Essig
f) ½ Tasse frischer Limettensaft
g) 1 Esslöffel Knoblauch; gehackt
h) 1 Esslöffel rote Zwiebel; gehackt
i) 4 Unzen gewürfelte rote Paprika (ca. 3/8 Tasse)
j) 1 Jalapeño; gewürfelt
k) 1 Prise gemahlener Kreuzkümmel
l) 1 Teelöffel Salz
m) 1 Esslöffel gehackte Korianderblätter
n) 2 Esslöffel Passionsfruchtpüree

ANWEISUNGEN:

a) Garnelen 1 Minute in kochendem Wasser kochen, bis sie bedeckt sind. Abseihen und abgedeckt im Kühlschrank lagern, bis es abgekühlt ist.
b) Schnapperwürfel, Öl, Orangensaft, Essig, Limettensaft, Knoblauch, Zwiebel, Paprika, Jalapeño, Kreuzkümmel, Salz, Koriander und Passionsfruchtpüree in einer großen Schüssel vermischen. Garnelen hinzufügen; Abdecken und im Kühlschrank mindestens 6 Stunden marinieren.
c) Auf Endivien- oder Salatstreifen servieren, garniert mit Paprikastreifen und Limettenscheiben.

53. Ceviche nach Yucatan-Art

Ergibt: 6 Portionen

ZUTATEN

- 1½ Pfund feste weiße Fischfilets
- ¾ Pfund große Garnelen, 16–24 Stück
- 1 große süße Zwiebel
- 3 bis 4 Habaneros, leicht geröstet
- 1 Tasse frischer Limettensaft
- ½ Tasse frischer Orangensaft
- Schneiden Sie den Fisch in ¼-Zoll-Scheiben; Entfernen Sie dabei alle Knochen. Legen Sie den Fisch in eine Glas- oder glasierte Keramikschale, die groß genug ist, um ihn in einer Schicht aufzunehmen.
- Die Garnelen schälen und entdarmen. Spülen Sie sie nur bei Bedarf ab, um Sand aus ihnen zu entfernen. Schneiden Sie die Garnelen der Länge nach in zwei Hälften oder schneiden Sie sie in Form von Schmetterlingen.
- Die Garnelen über den Fisch schichten. Die Zwiebel der Länge nach halbieren, dann quer in dünne Scheiben schneiden.
- Die Zwiebel über den Fisch und die Garnelen schichten.
- Mit Gummihandschuhen die Habaneros stielen, entkernen und in Spalten schneiden und über die Zwiebeln streuen. Das Gericht mit Salz würzen und den Limetten- und Orangensaft darübergießen.
- Abdecken und im Kühlschrank 8 Stunden oder über Nacht marinieren, oder bis der Fisch und die Garnelen undurchsichtig sind.

54. Garnelen-Ceviche-Sashimi

Macht: 6

ZUTATEN
- 8 Unzen gekochte Garnelen, ohne Schwänze, in kleine Stücke geschnitten
- 4 Esslöffel Sushi-Reis-Dressing
- 1 Tasse gewürfelte Ananas
- Saft von 1 Limette
- 1 kleine Jalapeño-Chilischote, entkernt und fein gehackt
- ½ Teelöffel gehackter Knoblauch
- ¼ kleine rote Paprika, kleine Würfel
- 4 Teelöffel gehackte Frühlingszwiebeln, nur die grünen Teile
- 4 Zweige frische Korianderblätter, gehackt
- Kochbananenchips zum Servieren

ANWEISUNGEN:
a) Die Zutaten vermischen und gut umrühren.
b) Vor dem Servieren mindestens 1 Stunde im Kühlschrank lagern.
c) Legen Sie zum Servieren Kochbananenchips als Esslöffel beiseite.

55. Würziger Garnelen-Käse-Dip

ZUTATEN
- 2 Scheiben Speck ohne Zuckerzusatz
- 2 mittelgroße gelbe Zwiebeln, geschält und gewürfelt
- 2 Knoblauchzehen, gehackt
- 1 Tasse Popcorn-Garnelen (nicht die panierte Sorte), gekocht
- 1 mittelgroße Tomate, gewürfelt
- 3 Tassen geriebener Monterey-Jack-Käse
- 1/4 Teelöffel Frank's Red-Hot-Sauce
- 1/4 Teelöffel Cayennepfeffer
- 1/4 Teelöffel schwarzer Pfeffer

ANWEISUNGEN:
- Den Speck in einer mittelgroßen Pfanne bei mittlerer Hitze etwa 5–10 Minuten lang knusprig braten. Fett in der Pfanne aufbewahren. Legen Sie den Speck zum Abkühlen auf ein Papiertuch. Wenn der Speck abgekühlt ist, zerbröckeln Sie ihn mit den Fingern.
- Geben Sie die Zwiebel und den Knoblauch zu den Speckfetten in der Pfanne und braten Sie sie bei mittlerer bis niedriger Hitze etwa 10 Minuten lang an, bis sie weich sind und duften.
- Alle Zutaten in einem Slow Cooker vermischen; gut umrühren. Zugedeckt auf niedriger Stufe 1–2 Stunden garen oder bis der Käse vollständig geschmolzen ist.

56. Würzige Garnelenkrapfen

Macht: 4

ZUTATEN:
- 1 Esslöffel gehackte frische Knoblauchzehen
- Speisesalz, nach Geschmack
- 1 Esslöffel frischer Zitronensaft
- 1-Pfund-Garnele, mit Schwanz, entdarmt und mit Schmetterlingen bestückt
- 1 Teelöffel Kurkumapulver
- 2 Eier, geschlagen
- 2 Esslöffel Allzweckmehl
- 1 Teelöffel rotes Chilipulver
- 1 grüne Serrano-Chili, entkernt und gehackt
- 1 Esslöffel geriebene frische Ingwerwurzel
- Pflanzenöl zum Frittieren

ANWEISUNGEN:
a) Kombinieren Sie Kurkuma, rotes Chilipulver, grünes Chili, Ingwer, Knoblauch, Zitronensaft und Salz in einer flachen Schüssel. gut mischen.
b) Schlagen Sie die Eier in einer separaten Schüssel auf.
c) Füllen Sie eine flache Schüssel zur Hälfte mit Mehl.
d) Jede Garnele erst mit der Gewürzmischung, dann mit dem Ei und dann mit dem Mehl bestreichen.
e) Erhitzen Sie das Pflanzenöl in einer Fritteuse auf 350°.
f) Die Garnelen portionsweise frittieren, bis sie goldbraun sind.

57. Portugiesische Garnelenröllchen

Macht: 4

ZUTATEN:
- 2 Kartoffeln, geschält, gewürfelt und gekocht
- 1 Pfund Garnelen, geschält und entdarmt
- ½ Tasse Wasser
- 1 Tasse frische Semmelbrösel
- 1 Teelöffel gehackter Knoblauch
- Pflanzenöl zum Frittieren
- 2 grüne Serrano-Chilis, entkernt und gehackt
- ½ Teelöffel Kurkumapulver
- 2 Eier, verquirlt
- Speisesalz, nach Geschmack

ANWEISUNGEN:
a) Garnelen, Kurkumapulver, Salz und Wasser in einem großen Topf vermischen.
b) Köcheln lassen, bis die Garnelen durchscheinend werden.
c) Nehmen Sie die Garnelen aus dem Wasser und legen Sie sie beiseite.
d) Die Garnelen grob hacken und die Kartoffeln zerstampfen.
e) Garnelen, Kartoffeln, grüne Chilis und Knoblauch in einer Rührschüssel vermengen. zu Kugeln formen.
f) Das Pflanzenöl in einer Fritteuse auf 350° erhitzen.
g) Geben Sie die Eier in eine flache Schüssel und die Semmelbrösel in eine andere.
h) Tauchen Sie jede Garnelenrolle in die Eier und wälzen Sie sie dann leicht in den Semmelbröseln.
i) Goldbraun braten.
j) Mit einem Schaumlöffel aus dem Öl nehmen und auf Papiertüchern abtropfen lassen.

58. Garnelenfond

Ergibt 5 Tassen

ZUTATEN

1 ½ Pfund Schalen von Garnelen, Langusten oder Krabben

Die Muscheln in einen mittelgroßen Topf geben und mit kaltem Wasser bedecken. Zum Kochen bringen. Abdecken, Hitze auf mittlere bis niedrige Stufe reduzieren und 30 Minuten köcheln lassen. Beanspruchung.

59. Meeresfrüchte-Gumbo-Brühe

Macht: 8

ZUTATEN
- ½ Pfund Krabbenschalen
- ½ Pfund Garnelenschalen
- 6 Tassen kaltes Wasser
- 1 Tasse trockener Weißwein
- 1 kleine Zwiebel; geviertelt
- 1 Lachskopf
- 1 Lorbeerblatt
- 3 Zweige frischer Thymian
- 5 Pfefferkörner
- 2 Knoblauchzehen
- 1 Karotte; gewürfelt

ANWEISUNGEN:
a) Geben Sie den Öllachskopf, die Krabbenschalen und die Garnelenschalen in den Instant-Topf und *sautieren* Sie sie 5 Minuten lang
b) Gießen Sie das Wasser in den Instant-Topf.
c) Alle restlichen Zutaten zum Wasser geben.
d) Schließen Sie den Deckel des Instanttopfs und drehen Sie den Druckentlastungsgriff in die *versiegelte* Position.
e) Wählen Sie die Funktion *Manuell*, stellen Sie hohen Druck ein und stellen Sie den Timer auf 48 Minuten ein
f) Wenn es piept; Lassen Sie den Dampf 10 Minuten lang auf natürliche Weise ab und öffnen Sie den Deckel des Instanttopfs.
g) Die vorbereitete Brühe durch ein Sieb abseihen und alle Feststoffe entfernen. Alle Oberflächenfette abschöpfen und heiß servieren.

60. Enten-Gumbo

Macht: 12.

ZUTATEN
Aktie:

- 3 große oder 4 kleine Enten
- 1 Gallone Wasser
- 1 Zwiebel, geviertelt
- 2 Rippen Sellerie
- 2 Karotten 2 Lorbeerblätter 3 t. Salz
- 1 t. Pfeffer

Gumbo:

- ¾ c. Mehl
- ¾ c. Öl
- 2 Knoblauchzehen, gehackt
- 1 Tasse fein gehackte Zwiebeln
- ½ c. fein gehackter Sellerie
- 1 c. fein gehackte grüne Paprika
- 1 Pfund Okra, in ¼-Zoll-Stücke geschnitten
- 2 EL Speckfett
- 1 Pfund. rohe, geschälte Garnelen
- 1 pt. Austern und Likör
- ¼ c. gehackte Petersilie
- 2 c. gekochter Reis

ANWEISUNGEN:

a) Hautenten; In Wasser mit Zwiebeln, Sellerie, Lorbeerblättern, Salz und Pfeffer etwa 1 Stunde kochen oder bis das Entenfleisch zart ist. Beanspruchung; Das gesamte Fett abschöpfen und drei Viertel der Brühe aufbewahren. Bei Bedarf Hühner- oder Rinderbrühe hinzufügen, um 3 Liter Brühe zu erhalten. Entfernen Sie das Fleisch vom Kadaver und in kleine Stücke. Zurück zum Lagerbestand. Die Brühe kann am Tag vor der Gumbo-Zubereitung zubereitet werden.

b) **Für Gumbo:** In einem großen Schmortopf aus Mehl und Öl eine dunkelbraune Mehlschwitze zubereiten. Knoblauch, Zwiebeln, Sellerie und grünen Pfeffer hinzufügen; Okraschoten in Speckfett anbraten, bis die Konsistenz verschwunden ist, etwa 20 Minuten; Abfluss. In einem Suppentopf die Brühe erwärmen und die Mehlschwitze-Gemüse-Mischung langsam einrühren. Okra hinzufügen; Zugedeckt 1½ Stunden köcheln lassen. Garnelen, Austern und deren Likör hinzufügen und weitere 10 Minuten kochen lassen. Petersilie einrühren und vom Feuer nehmen. Richtig würzen und über heißem, lockerem Reis servieren.

61. Hühnchen-Okra-Gumbo

Ergibt: 8 BIS 10 PORTIONEN

ZUTATEN
- 1¼ Tasse Pflanzenöl, geteilt
- 1 Pfund Hähnchenschenkel ohne Knochen und Haut
- 2 Teelöffel Gewürzsalz, geteilt
- 1½ Teelöffel gemahlener schwarzer Pfeffer, geteilt
- 1 Teelöffel Geflügelgewürz
- 1 Teelöffel Zwiebelpulver
- 1 Teelöffel Knoblauchpulver
- 2 Liter Hühnerbrühe, geteilt
- 1½ Tassen gehackter Sellerie
- 2 große grüne Paprika, gehackt
- 1 große gelbe Zwiebel, gehackt
- 2 Teelöffel gehackter Knoblauch
- ½ Tasse Allzweckmehl
- 1 Pfund Andouillewurst, gehackt
- 1 (14 Unzen) Dose gewürfelte Tomaten
- 3 bis 4 Lorbeerblätter
- ½ Pfund Okra, gehackt
- 1 Tasse getrocknete Garnelen
- 2 Pfund Alaska-Königskrabbe
- 1 Pfund große Garnele, geschält und entdarmt
- 2½ Teelöffel gemahlenes Gumbo-Filet
- Gehackte frische Petersilie zum Garnieren

ANWEISUNGEN:

a) In einer mittelgroßen Pfanne bei mittlerer Hitze ¼ Tasse Pflanzenöl hineingießen. Sobald das Öl heiß ist, legen Sie die Hähnchenschenkel in die Pfanne. Würzen Sie das Huhn mit 1 Teelöffel Gewürzsalz, ½ Teelöffel schwarzem Pfeffer, dem Geflügelgewürz, Zwiebelpulver und Knoblauchpulver. Braten Sie jede Seite des Hähnchens etwa 5 Minuten lang an und gießen Sie dann eine halbe Tasse Hühnerbrühe hinein. Decken Sie die Pfanne ab und lassen Sie das Huhn ca. 15 Minuten kochen, bis es vollständig durchgegart ist. Sobald das Hähnchen fertig ist, nehmen Sie es aus der Pfanne und legen es auf einen Teller.

b) In derselben Pfanne Sellerie, Paprika und Zwiebeln hinzufügen und 2 Minuten kochen lassen. Den Knoblauch dazugeben und kochen, bis das Gemüse schön glasig ist, dann den Herd ausschalten.

c) Gießen Sie in einem großen Suppentopf bei mittlerer Hitze die restliche 1 Tasse Pflanzenöl hinein. Sobald das Öl heiß ist, streuen Sie nach und nach das Mehl hinein. Ständig umrühren, um Klumpen zu vermeiden, und kochen, bis die Mehlschwitze eine erdnussbutterbraune Farbe annimmt, etwa 30 Minuten.

d) Sobald die Mehlschwitze schön braun ist, gießen Sie langsam die restliche Hühnerbrühe hinzu. Fügen Sie das gekochte Gemüse, das Huhn und die Wurst hinzu. Alles gut umrühren und mit dem restlichen 1 Teelöffel Gewürzsalz und 1 Teelöffel schwarzem Pfeffer bestreuen. Tomaten und Lorbeerblätter hinzufügen. Umrühren, abdecken und etwa 20 Minuten kochen lassen.

e) Fügen Sie die gehackte Okraschote und die getrockneten Garnelen hinzu. Umrühren, abdecken und weitere 20 Minuten köcheln lassen.

f) Fügen Sie nun die Krabbe hinzu. Stellen Sie sicher, dass die Krabben und die anderen Zutaten gut mit der Brühe bedeckt sind. Weitere 20 Minuten köcheln lassen, dann die rohen Garnelen hinzufügen. Rühren Sie die Zutaten um und reduzieren Sie die Hitze auf eine niedrige Stufe.

g) Das Gumbo Filé darüber streuen, umrühren und 7 Minuten kochen lassen. Schalten Sie die Hitze aus und lassen Sie das Gumbo ein paar Minuten ruhen. Mit Petersilie garnieren und mit gedünstetem Reis oder Maisbrot servieren.

62. Rindergumbo

MACHT: 6 PORTIONEN

ZUTATEN
- 2 Pfund Rindfleisch, in Stücke geschnitten
- 2 Teelöffel Salz
- 2 Teelöffel gemahlene getrocknete Garnelen
- 6 Tassen Wasser
- 2 Pfund Okra, in Scheiben geschnitten
- 1 Tasse Jamaika-Blüten
- 1 Zwiebel
- Chilis sind nicht entkernt

ANWEISUNGEN:

a) Rindfleisch in den Topf geben. Salz, getrocknete Garnelen und kochendes Wasser hinzufügen. Hitze reduzieren und ¾ Stunde köcheln lassen, dabei nach Bedarf abschöpfen. Okra hinzufügen und ca. 1 Stunde kochen, bis die Samen rötlich werden.

b) Zwiebel und Chilis hacken und unter kräftigem Rühren hinzufügen, bis eine klebrige Konsistenz entsteht.

c) 15 Minuten köcheln lassen.

63. Garnelen-Gumbo

ZUTATEN
- 1 Pfund mittelgroße Garnelen, geschält
- ½ Pfund Hähnchenbrust ohne Haut und Knochen
- ½ TasseKokosnussÖl
- 3/4 TasseMandelMehl
- 2 Tassen gehackte Zwiebeln
- 1 Tasse gehackter Sellerie
- 1 Tasse gehackter grüner Pfeffer
- 1 Teelöffel gemahlener Kreuzkümmel
- 1 Esslöffel gehackter frischer Knoblauch
- 1 Teelöffel frischer Thymian gehackt
- ½ Teelöffel roter Pfeffer
- 6 Tassen Hühnerbrühe
- 2 Tassen gewürfelte Tomaten
- 3 Tassen geschnittene Okraschoten
- ½ Tasse frische Petersilie gehackt
- 2 Lorbeerblätter
- 1 Teelöffel scharfe Soße

ANWEISUNGEN:

a) Braten Sie das Hähnchen bei starker Hitze in einem großen Topf an, bis es braun ist. Herausnehmen und beiseite stellen. Zwiebeln, Sellerie und grüne Paprika hacken und beiseite stellen.

b) Öl und Mehl in den Topf geben. Gut umrühren und anbraten, bis eine Mehlschwitze entsteht. Wenn die Mehlschwitze fertig ist, fügen Sie gehacktes Gemüse hinzu. Bei schwacher Hitze 10 Minuten anbraten.

c) Unter ständigem Rühren langsam Hühnerbrühe hinzufügen.

d) Fügen Sie Hühnchen und alle anderen Zutaten hinzu, außer Okraschoten, Garnelen und Petersilie, die für den Schluss aufbewahrt werden.

e) Abdecken und eine halbe Stunde auf niedriger Stufe köcheln lassen. Den Deckel abnehmen und eine weitere halbe Stunde kochen lassen, dabei gelegentlich umrühren.

f) Garnelen, Okra und Petersilie hinzufügen. Bei schwacher Hitze ohne Deckel 15 Minuten weitergaren.

64. Hühnchen- und Garnelen-Gumbo

Macht: 4

ZUTATEN
- 2 Esslöffel Rapsöl
- ¼ Tasse Allzweckmehl
- 1 mittelgroße Zwiebel, gewürfelt
- 1 grüne Paprika, entkernt und gewürfelt
- 2 Stangen Sellerie, gewürfelt
- 3 Knoblauchzehen, gehackt
- 1 Esslöffel gehackter frischer Thymian
- ¼ bis ½ Teelöffel Cayennepfeffer
- ½ Tasse trockener Weißwein
- 1 (14 Unzen) Dose gewürfelte Tomaten ohne Salzzusatz
- 2 Tassen Wasser
- 1 (10-Unzen) Packung gefrorene, in Scheiben geschnittene Okraschoten
- 4 Unzen geräucherte Andouillewurst, gewürfelt
- 1 Pfund mittelgroße Garnelen, geschält und entdarmt
- 1½ Pfund gekochte Hähnchenbrust, gewürfelt

ANWEISUNGEN:
a) Erhitzen Sie das Öl in einem großen Suppentopf oder Schmortopf bei mittlerer bis hoher Hitze. Das Mehl hinzufügen und unter ständigem Rühren kochen.
b) Zwiebel, Paprika, Sellerie und Knoblauch hinzufügen und unter gelegentlichem Rühren etwa 5 Minuten kochen, bis die Zwiebeln weich sind.
c) Thymian und Cayennepfeffer hinzufügen und noch 1 Minute kochen lassen. Den Wein einrühren und zum Kochen bringen, dabei gelegentlich umrühren.
d) Die Tomaten mit Saft, Wasser und Okra dazugeben und ohne Deckel etwa 15 Minuten köcheln lassen. Die Wurst und die Garnelen dazugeben und weitere etwa 5 Minuten köcheln lassen.
e) Das gekochte Hähnchen dazugeben und unter gelegentlichem Rühren weiter köcheln lassen, bis das Hähnchen durchgewärmt und die Garnele undurchsichtig ist.

65. Golfküste Gumbo

Ergibt 8 Portionen

ZUTATEN
- 1 Tasse Pflanzenöl
- 1 ½ Tassen Allzweckmehl
- 2 ½ Tassen gehackte Zwiebel
- 1 ½ Tassen gehackter Sellerie
- 1 ½ Tassen gehackte grüne Paprika
- 3 Esslöffel gehackter Knoblauch
- 1 Teelöffel Emeril's Original Essence oder ein anderes kreolisches Gewürz
- 1 ½ Teelöffel Salz
- 1 Teelöffel frisch gemahlener schwarzer Pfeffer
- ½ Teelöffel Cayennepfeffer
- 2 Lorbeerblätter
- 1 Teelöffel getrockneter Thymian
- 1 Teelöffel getrockneter Oregano
- 1 Pfund geräucherte Wurst, in ½ Zoll dicke Scheiben geschnitten
- 1 Pfund Gumbo-Krabben, halbiert
- 10 Tassen Garnelenbrühe oder Wasser
- 1 Pfund gekochte Langustenschwänze aus Louisiana, mit etwas Fett
- 1 Pfund geschälte und entdarmte Golfgarnelen
- ½ Tasse gehackte Frühlingszwiebeln, plus mehr zum Servieren
- 1/4 Tasse gehackte frische Petersilienblätter, plus mehr zum Servieren
- Gedämpfter weißer Reis zum Servieren

ANWEISUNGEN:

a) Erhitzen Sie einen großen Schmortopf oder einen Suppentopf mit starkem Boden 1 Minute lang bei starker Hitze. Das Öl vorsichtig hinzufügen und dann das Mehl unterrühren. Reduzieren Sie die Hitze auf mittlere bis hohe Stufe und rühren Sie das Mehl ständig um, indem Sie jeden Teil des Pfannenbodens abkratzen, bis die Mehlschwitze gleichmäßig gebräunt ist und die Farbe dunkler Erdnussbutter hat (ca. 15 Minuten). Wenn das Mehl zu schnell anfängt, sich zu verfärben, reduzieren Sie die Hitze auf mittlere Stufe. Es ist wichtig, die Mehlschwitze im Auge zu behalten und sorgfältig zu kochen, um ein Anbrennen zu vermeiden. Sobald die gewünschte Farbe erreicht ist, fügen Sie Zwiebel, Sellerie, Paprika, Knoblauch, Essenz, Salz, Pfeffer, Cayennepfeffer, Lorbeerblätter, Thymian, Oregano und Wurst hinzu. Kochen Sie noch weitere 5–7 Minuten oder bis das Gemüse weich ist.

b) Die Krabben und die Brühe in den Schmortopf geben und zum Kochen bringen. Reduzieren Sie die Hitze auf ein gleichmäßiges Köcheln und kochen Sie, bis sich die Aromen vereint haben und die Sauce samtig und glatt ist, etwa 2 Stunden lang. Fügen Sie zusätzliche Brühe oder Wasser hinzu, wenn das Gumbo während des Kochens zu dick wird. Die Dicke eines Gumbo ist eine Frage des persönlichen Geschmacks. Manche Leute mögen ein sehr dickes Gumbo, während andere ein dünnes, brüheiges Gumbo bevorzugen. Fügen Sie die Flüssigkeitsmenge hinzu, die Ihrem Geschmack entspricht.

c) Wenn das Gumbo aromatisch ist und genau die richtige Dicke hat, rühren Sie die Langusten und Garnelen hinein und kochen Sie es noch 2–3 Minuten länger, bis die Garnelen gar sind. Frühlingszwiebeln und Petersilie unterrühren. Abschmecken und bei Bedarf nachwürzen.

d) Servieren Sie das Gumbo über Schüsseln mit gedämpftem Reis und fügen Sie nach Wunsch zusätzlich gehackte Petersilie und Frühlingszwiebeln hinzu.

66. Huhn, Garnelen und Tasso Gumbo

Ergibt 6–8 Portionen

ZUTATEN
- 4 Hähnchenschenkel ohne Knochen, in 5 cm große Stücke geschnitten, mit Haut
- 2 Teelöffel koscheres Salz
- ½ Teelöffel Paprika
- ½ Teelöffel frisch gemahlener schwarzer Pfeffer
- 1 ½ Tassen Pflanzenöl
- 2 1/4 Tassen Allzweckmehl, geteilt
- 1 Pfund gewürfeltes Tasso
- 1 mittelgroße Zwiebel, klein gewürfelt
- 2 Poblano-Paprikaschoten, klein gewürfelt
- 1 kleiner Jalapeño, klein gewürfelt
- 3 Selleriestangen, gewürfelt
- 4 Knoblauchzehen, gehackt
- 2–3 Teelöffel koscheres Salz (zwei hinzufügen, abschmecken und bei Bedarf den anderen hinzufügen)
- 1 ½ Teelöffel frisch gemahlener schwarzer Pfeffer
- 1 Teelöffel Cayennepfeffer
- 1 Teelöffel Paprika
- 1 Teelöffel getrockneter Thymian
- 1 Teelöffel Filé-Pulver
- 6 Lorbeerblätter
- 1 Gallone Hühnerbrühe (oder halb Garnelenbrühe und halb Hühnerbrühe)
- 1 Pfund geschälte Louisiana-Garnelen
- Das Hähnchen mit Salz, Paprika und Pfeffer würzen.

ANWEISUNGEN:

a) Erhitzen Sie das Öl in einem 2-Gallonen-Topf mit starkem Boden auf mittlere bis hohe Hitze. Das Öl sollte leicht brutzeln, wenn es fertig ist.

b) Das Hähnchen mit einer halben Tasse Mehl bestreichen und im Öl von beiden Seiten leicht goldbraun braten, dann auf ein Papiertuch legen. Zu diesem Zeitpunkt muss es noch nicht durchgegart sein. Fügen Sie überschüssiges Mehl vom Würzen des Huhns zum restlichen Mehl hinzu und geben Sie es zum Öl. Bei mittlerer Hitze etwa 40 Minuten lang rühren, oder bis die Mehlschwitze tief rotbraun, aber nicht zu dunkel wird.

c) Nachdem die Mehlschwitze die richtige Farbe erreicht hat, fügen Sie das Tasso, das Gemüse und alle Gewürze hinzu (behalten Sie ein wenig Salz bei, da manche Tassos schärfer sind als andere) und kochen Sie es etwa 4 Minuten lang.

d) Die Brühe einrühren und zum Kochen bringen. Achten Sie darauf, den Boden des Topfes umzurühren, während das Gumbo köchelt, damit es nicht klebt. Etwa 30 Minuten köcheln lassen und dabei das gesamte Fett abschöpfen, das an die Oberfläche steigt.

e) An dieser Stelle das gekochte Hähnchen und die Garnelen hinzufügen und weitere 45 Minuten köcheln lassen, dabei noch das Fett abschöpfen, das an der Oberfläche schwimmt.

f) Sofort oder am nächsten Tag mit etwas gedünstetem Reis und einer Beilage cremigem Kartoffelsalat servieren. Chefkoch Link sagt: „Ich tunke meinen Kartoffelsalat gerne in den Gumbo."

67. Kreolisches Gumbo

Ergibt 8–10 Portionen

ZUTATEN
- ½ Pfund Chaurice, in mundgerechte Stücke geschnitten
- ½ Pfund geräucherte Wurst, in mundgerechte Stücke geschnitten
- ½ Pfund Rindfleischeintopf
- ½ Pfund Hühnermägen, gehackt
- 1 Pfund Gumbo-Krabben
- ½ Tasse Pflanzenöl
- ½ Tasse Allzweckmehl
- 2 große Zwiebeln, gehackt
- 3 Liter Wasser oder mehr nach Wunsch
- 8 Hähnchenflügel, an den Gelenken abschneiden und die Spitzen wegwerfen
- ½ Pfund geräucherter Schinken, in ½-Zoll-Stücke geschnitten
- 1 Esslöffel Paprika
- 1 Teelöffel getrockneter Thymian
- 1 Teelöffel Salz
- 3 Knoblauchzehen, gehackt
- 1 Pfund mittelgroße Garnelen, geschält und entdarmt
- 2 Dutzend geschälte Austern mit ihrem Schnaps
- 1/4 Tasse gehackte frische glatte Petersilie
- 1 Esslöffel Filé-Pulver
- Gekochter weißer Langkornreis zum Servieren

ANWEISUNGEN:

a) Geben Sie die Würstchen, das Rindfleisch, die Mägen und die Krabben in einen großen, schweren Topf. Abdecken und bei mittlerer Hitze 30 Minuten kochen lassen, dabei gelegentlich umrühren. Sie benötigen kein zusätzliches Fett, da das Fleisch ausreichend zum Garen austritt.

b) Während das Fleisch kocht, bereiten Sie eine Mehlschwitze zu: Erhitzen Sie das Öl in einer Pfanne, geben Sie das Mehl hinzu und rühren Sie unter ständigem Rühren bei mittlerer Hitze, bis die Mehlschwitze glatt und dunkelbraun ist. Die Zwiebeln hinzufügen und bei schwacher Hitze weich kochen. Geben Sie den Inhalt der Pfanne in den Topf mit dem Fleisch und vermischen Sie alles gut. Das Wasser langsam einrühren und zum Kochen bringen. Hähnchenflügel, Schinken, Paprika, Thymian, Salz und Knoblauch hinzufügen, vorsichtig umrühren und die Hitze reduzieren; abdecken und 45 Minuten köcheln lassen. Wenn Sie ein dünneres Gumbo bevorzugen, fügen Sie jetzt mehr Wasser hinzu.

c) Fügen Sie die Garnelen und Austern hinzu und kochen Sie sie noch einige Minuten lang. Achten Sie dabei darauf, dass die Garnelen nur noch rosa werden und sich die Austern kräuseln. Wenn Sie noch mehr kochen, werden sie zäh. Den Topf vom Herd nehmen, Petersilie und Filépulver einrühren und in Schüsseln über heißem Reis genießen.

68. Kreolisches Meeresfrüchte-Gumbo

Ergibt 6–8 Portionen

ZUTATEN
- 6 mittelblaue Krabben oder gefrorene Gumbo-Krabben, aufgetaut
- 2 ½ Pfund Garnelen in Schalen mit Köpfen
- 2 Dutzend mittelgroße bis große geschälte Austern mit ihrem Likör
- 1 Tasse plus 1 Esslöffel Raps- oder anderes Pflanzenöl, aufgeteilt
- 2 Tassen geschnittene Okraschoten, frisch oder gefroren und aufgetaut
- 1 Tasse Allzweckmehl
- 1 große Zwiebel, gehackt
- 1 Bund Frühlingszwiebeln, gehackt, weiße und grüne Teile getrennt
- 1 grüne Paprika, gehackt
- 2 Selleriestangen, gehackt
- 4 große Knoblauchzehen, gehackt
- 2 große frische Tomaten der Saison, geschält und gehackt, oder 1 (16 Unzen) gewürfelte Tomaten aus der Dose mit Saft
- 3 Lorbeerblätter
- 1 Teelöffel italienisches Gewürz
- Salz, frisch gemahlener schwarzer Pfeffer und kreolische Gewürze nach Geschmack
- 1/4 Tasse gehackte glatte Petersilie
- Gekochter weißer Langkornreis zum Servieren

ANWEISUNGEN:
a) Bereiten Sie die Krabben vor.

b) Die Garnelen entköpfen, schälen und entdarmen und die Köpfe und Schalen in einen mittelgroßen Topf geben. Fügen Sie so viel Wasser hinzu, dass die Schalen mindestens 5 cm bedeckt sind, und bringen Sie es zum Kochen. Abdecken, die Hitze reduzieren und 30 Minuten köcheln lassen. Wenn die Brühe leicht abgekühlt ist, gießen Sie sie in einen großen Messbecher und entsorgen Sie die Schalen.

c) Die Austern abseihen und den Likör in die Garnelenbrühe geben. Fügen Sie zu diesem Zeitpunkt so viel Wasser hinzu, dass 7 oder 8 Tassen Flüssigkeit entstehen (je nachdem, wie dick Sie Ihr Gumbo mögen). Überprüfen Sie die Austern auf Schalenfragmente.

d) Erhitzen Sie 1 Esslöffel Öl in einer breiten Pfanne (nicht antihaftbeschichtet) und geben Sie die Okra hinzu. Bei mittlerer Hitze unter gelegentlichem Rühren ca. 15 Minuten anbraten, bis die gesamte Klebrigkeit verschwindet. Vom Herd nehmen.

e) Das restliche Öl in einem großen, schweren Topf bei starker Hitze erhitzen; Fügen Sie das Mehl hinzu und rühren Sie ständig um, bis die Mehlschwitze anfängt zu bräunen. Reduzieren Sie die Hitze auf mittlere oder mittlere bis niedrige Stufe und kochen Sie unter ständigem Rühren, bis die Mehlschwitze die Farbe dunkler Schokolade hat.

f) Die Zwiebeln, die weißen Teile der Frühlingszwiebeln, die Paprika und den Sellerie dazugeben und unter Rühren glasig dünsten. Den Knoblauch hinzufügen und noch eine Minute kochen lassen. Fügen Sie die Tomaten und die Kombination aus Austernlikör, Garnelenbrühe und Wasser hinzu, bis eine leicht eingedickte und glatte Konsistenz erreicht ist.

g) Okraschoten, Krabben, Lorbeerblätter und italienische Gewürze hinzufügen und mit Salz, Pfeffer und kreolischen Gewürzen würzen. abdecken und 40 Minuten köcheln lassen.

h) Die Garnelen dazugeben und weitere 5 Minuten köcheln lassen. Die Austern dazugeben und etwa 3 Minuten köcheln lassen, bis sie sich kräuseln.

i) Schalten Sie den Herd aus, entfernen Sie die Lorbeerblätter und rühren Sie den Großteil der Frühlingszwiebelspitzen und der Petersilie unter, lassen Sie etwas zum Garnieren übrig. In Schüsseln über dem Reis servieren. Krabbenstücke in jede Schüssel geben und mit Zwiebelspitzen und Petersilie garnieren. Bieten Sie Krabben- oder Nussknacker für die Beine an.

69. Garnelen und Okra-Gumbo

Ergibt 8 Portionen

ZUTATEN
- 3 Pfund kleine bis mittelgroße Garnelen in Schalen mit Köpfen oder 1 ½ Pfund geschälte und entdarmte gefrorene Garnelen, aufgetaut
- 1 Pfund frische Okraschoten, in 1/4-Zoll-Stücke geschnitten, oder gefrorene geschnittene Okraschoten, aufgetaut
- 1 Esslöffel plus ½ Tasse Pflanzenöl, geteilt
- ½ Tasse Allzweckmehl
- 1 große Zwiebel, gehackt
- 1 Bund Frühlingszwiebeln, gehackt, weiße und grüne Teile getrennt
- 1 grüne Paprika, gehackt
- 2 Selleriestangen, gehackt
- 3 große Knoblauchzehen, gehackt
- 1 (14,5 Unzen) Dose gewürfelte Tomaten
- 2 Liter Garnelenbrühe oder Wasser
- 1 ½ Teelöffel kreolisches Gewürz
- 2 Lorbeerblätter
- ½ Teelöffel getrockneter Thymian
- 1/4 Tasse gehackte glatte Petersilie
- Gekochter weißer Langkornreis zum Servieren
- französisches Brot

ANWEISUNGEN:

a) Wenn Sie frische Garnelen verwenden, entfernen Sie den Kopf, schälen und entdarmen Sie sie und geben Sie die Schalen und Köpfe in einen mittelgroßen Topf. Fügen Sie so viel Wasser hinzu, dass die Schalen mindestens 5 cm bedeckt sind, und bringen Sie es zum Kochen. Abdecken, die Hitze reduzieren und 30 Minuten köcheln lassen. Wenn die Brühe leicht abgekühlt ist, gießen Sie sie in einen großen Messbecher und entsorgen Sie die Schalen.

b) Wenn Sie frische Okraschoten verwenden, erhitzen Sie 1 Esslöffel Öl in einer mittelgroßen bis großen Pfanne. Bei mittlerer Hitze die Okraschoten unter gelegentlichem Rühren kochen, bis die zähe Flüssigkeit verschwindet. Beiseite legen.

c) Das restliche Öl in einem großen, schweren Topf bei starker Hitze erhitzen. Fügen Sie das Mehl hinzu und rühren Sie ständig um, bis die Mehlschwitze anfängt zu bräunen. Reduzieren Sie die Hitze auf mittlere Stufe und kochen Sie unter ständigem Rühren, bis die Mehlschwitze die Farbe von Milchschokolade hat. Die Zwiebeln und die weißen Teile der Frühlingszwiebeln dazugeben und unter Rühren kochen, bis die Zwiebeln zu karamellisieren beginnen. Paprika und Sellerie hinzufügen und kochen, bis sie zusammengefallen sind. Den Knoblauch hinzufügen und noch eine Minute kochen lassen.

d) Die Tomaten hinzufügen und nach und nach die Brühe oder das Wasser einrühren. Alle Gewürze außer der Petersilie hinzufügen, die Hitze reduzieren, abdecken und 30 Minuten köcheln lassen. Die Garnelen dazugeben und etwa 10 Minuten köcheln lassen, bis die Garnelen rosa werden. Vom Herd nehmen, Frühlingszwiebeln und Petersilie dazugeben und die Lorbeerblätter entfernen.

e) In Schüsseln über heißem Reis und heißem Baguette servieren.

70. Super Gumbo

Ergibt 10–12 Portionen

ZUTATEN
- 2 Pfund Garnelen in Schalen mit Köpfen
- 1 Pfund frische oder gefrorene Gumbo-Krabben, aufgetaut, wenn sie gefroren sind
- 6 Stück Hähnchen (z. B. Keulen und Oberschenkel)
- Salz, Pfeffer und kreolische Gewürze nach Geschmack
- 1 Pfund frische Okraschoten, in Stücke geschnitten, oder gefrorene geschnittene Okraschoten, aufgetaut
- 1 Esslöffel plus 1 Tasse Pflanzenöl, geteilt
- 1 Tasse Allzweckmehl
- 1 große Zwiebel, gehackt
- 1 Bund Frühlingszwiebeln, gehackt, weiße und grüne Teile getrennt
- 1 grüne Paprika, gehackt
- 2 Selleriestangen, gehackt
- 4 Knoblauchzehen, gehackt
- ½ Pfund Andouille oder eine andere geräucherte Wurst, der Länge nach vierteln und in 0,6 cm dicke Scheiben schneiden
- 2 frische Tomaten, gewürfelt, oder 1 (14,5 Unzen) Dose gewürfelte Tomaten
- 2 Esslöffel Tomatenmark
- 9 Tassen Meeresfrüchte oder Hühnerbrühe oder eine Kombination aus beidem
- 3 Lorbeerblätter
- ½ Teelöffel kreolisches Gewürz
- 1 Teelöffel Salz
- Mehrere Umdrehungen einer schwarzen Pfeffermühle
- 2 Esslöffel gehackte glatte Petersilie
- Gekochter weißer Langkornreis zum Servieren

ANWEISUNGEN:

a) Die Garnelen entköpfen, schälen und entdarmen und die Köpfe und Schalen in einen mittelgroßen Topf geben. Fügen Sie so viel Wasser hinzu, dass die Schalen mindestens 5 cm bedeckt sind, und bringen Sie es zum Kochen. Abdecken, Hitze reduzieren und 30 Minuten köcheln lassen. Wenn die Brühe leicht abgekühlt ist, gießen Sie sie in einen großen Messbecher und entsorgen Sie die Schalen.

b) Entfernen Sie alles außer den Schalen, die das Krabbenfleisch enthalten, von den Krabben und lassen Sie die Beine dran und das gelbe und orangefarbene Fett an Ort und Stelle. Wenn Teile der Schale gereinigt werden müssen, tun Sie dies mit einem Schwamm.

c) Die Hähnchenteile abspülen, trocknen und großzügig mit Salz, Pfeffer und kreolischen Gewürzen bestreuen.

d) In einer mittelgroßen Pfanne 1 Esslöffel Pflanzenöl erhitzen; Fügen Sie die Okra hinzu und kochen Sie sie bei starker Hitze unter häufigem Rühren, bis sie leicht zu bräunen beginnt. Reduzieren Sie die Hitze auf mittlere Stufe und kochen Sie weiter, bis die klebrige Flüssigkeit verschwindet.

e) In einem großen, schweren Topf 2 Esslöffel des restlichen Öls erhitzen und die Hähnchenteile von allen Seiten anbraten. Das Hähnchen herausnehmen und beiseite stellen.

f) Das restliche Öl und das Mehl in den Topf geben und bei starker Hitze rühren, bis die Mehlschwitze hellbraun wird. Reduzieren Sie die Hitze auf mittlere Stufe und kochen Sie unter ständigem Rühren, bis die Mehlschwitze dunkelbraun ist (die Farbe von Erdnussbutter oder etwas dunkler). Achten Sie darauf, es nicht zu verbrennen.

g) Die Zwiebeln, die weißen Teile der Frühlingszwiebeln, die Paprika und den Sellerie dazugeben und unter Rühren glasig dünsten. Den Knoblauch hinzufügen und noch eine Minute kochen lassen. Wurst, Tomaten und Tomatenmark hinzufügen und weitere 5 Minuten kochen lassen. Nach und nach die Brühe unterrühren.

h) Alle Gewürze außer der Petersilie hinzufügen. Zum Kochen bringen, dann die Hitze reduzieren und köcheln lassen. Abdecken und etwa 1 Stunde und 20 Minuten kochen lassen, dabei gelegentlich umrühren und das Fett von der Oberfläche abschöpfen. Garnelen, Petersilie und Frühlingszwiebeln dazugeben, die Hitze erhöhen und einige Minuten kochen lassen, bis die Garnelen rosa werden. Abschmecken, die Gewürze anpassen und die Lorbeerblätter entfernen.

i) In Schüsseln über dem gekochten Reis servieren.

71. Filé Gumbo

Ergibt 6–8 Portionen

ZUTATEN
- 2 Pfund Garnelen in Schalen mit Köpfen
- ½ Tasse Pflanzenöl oder Speckfett
- ½ Tasse Allzweckmehl
- 1 Zwiebel, gehackt
- 1 grüne Paprika, gehackt
- 3 Knoblauchzehen, gehackt
- 2 Esslöffel Tomatenmark
- 2 Lorbeerblätter
- ½ Teelöffel Salz oder nach Geschmack
- ½ Teelöffel frisch gemahlener schwarzer Pfeffer oder nach Geschmack
- ½ Teelöffel Cayennepfeffer oder nach Geschmack
- 2 Esslöffel Filé-Pulver
- 1 Pfund Jumbo-Klumpen-Krabbenfleisch
- Gekochter weißer Langkornreis zum Servieren

ANWEISUNGEN:

a) Die Garnelen entköpfen, schälen und entdarmen und die Köpfe und Schalen in einen mittelgroßen Topf geben. Fügen Sie so viel Wasser hinzu, dass die Schalen mindestens 5 cm bedeckt sind, und bringen Sie es zum Kochen. Abdecken, Hitze reduzieren und 30 Minuten köcheln lassen. Wenn die Brühe leicht abgekühlt ist, gießen Sie sie in einen großen Messbecher und entsorgen Sie die Schalen. Fügen Sie der Brühe bei Bedarf so viel Wasser hinzu, dass 5 Tassen Flüssigkeit entstehen. Beiseite legen.

b) In einem großen, schweren Topf Öl und Mehl vermischen. Bei starker Hitze ständig rühren, bis das Mehl anfängt zu bräunen. Reduzieren Sie die Hitze auf mittlere Stufe und rühren Sie ständig um, bis die Mehlschwitze dunkelbraun wird.

c) Zwiebeln und Paprika hinzufügen und kochen, bis sie zusammengefallen sind. Den Knoblauch hinzufügen und noch eine Minute kochen lassen. Das Tomatenmark einrühren und 5 Minuten köcheln lassen, dabei gelegentlich umrühren. Den Garnelenfond nach und nach unterrühren. Alle Gewürze außer dem Filé hinzufügen, abdecken und bei schwacher Hitze 30 Minuten köcheln lassen.

d) Fügen Sie die Garnelen hinzu und kochen Sie 3 Minuten lang weiter, wenn die Garnelen klein sind, bzw. 7 Minuten lang, wenn es sich um große Garnelen handelt. Schalten Sie die Heizung aus. Wenn Sie das gesamte Gumbo auf einmal servieren, fügen Sie das Filé hinzu und vermischen Sie es gut. (Wenn nicht, bewahren Sie das Filé auf, um es in einzelne Schüsseln zu geben.) Das Krabbenfleisch vorsichtig unterrühren.

e) In Schüsseln über dem heißen Reis servieren. Wenn Sie das Filé nicht hinzugefügt haben, geben Sie je nach Größe der Schüsseln ½–3/4 Teelöffel in jede Schüssel.

72. Gumbo ohne Mehlschwitze

Ergibt 6–8 Portionen

ZUTATEN
- 2 Pfund mittelgroße Garnelen in Schalen mit Köpfen oder 1 Pfund geschälte und entdarmte gefrorene Garnelen, aufgetaut
- 3 Tassen geschnittene frische Okraschoten oder 3 Tassen gefrorene geschnittene Okraschoten, aufgetaut
- 1 Pfund Hähnchenschenkel ohne Knochen, in 2,5 cm große Stücke geschnitten
- Kreolisches Gewürz zum Bestreuen von Hühnchen plus ½ Teelöffel
- 1 Teelöffel plus 3 Esslöffel Pflanzenöl
- 1 große Zwiebel, gehackt
- 1 grüne Paprika, gehackt
- 1 Bund Frühlingszwiebeln, gehackt, grüne und weiße Teile getrennt
- 2 Selleriestangen, gehackt
- 3 Knoblauchzehen, gehackt
- 1 (15 Unzen) Dose zerdrückte Tomaten
- 4 Tassen Garnelen- und/oder Hühnerbrühe
- ½ Teelöffel Salz
- 10 Mal auf einer schwarzen Pfeffermühle gemahlen
- 1 Teelöffel Selleriesalz
- 1 gehäufter Esslöffel gehackte glatte Petersilie
- 1 Esslöffel Filé-Pulver
- Gekochter weißer Langkornreis zum Servieren

ANWEISUNGEN:

a) Wenn Sie frische Garnelen verwenden, entfernen Sie die Köpfe und Schalen und entdarmen Sie die Garnelen. Legen Sie die Schalen und Köpfe in einen mittelgroßen Topf, fügen Sie so viel Wasser hinzu, dass die Schalen mindestens 5 cm bedeckt sind, und bringen Sie es zum Kochen. Abdecken, die Hitze reduzieren und 30 Minuten köcheln lassen. Wenn die Brühe leicht abgekühlt ist, gießen Sie sie in einen großen Messbecher und entsorgen Sie die Schalen. Sie benötigen 4 Tassen Brühe. Reservieren Sie den Rest für eine spätere Verwendung.

b) 1 Teelöffel Öl in einer Pfanne bei mittlerer Hitze erhitzen und die Okra hinzufügen. Unter häufigem Wenden kochen, bis der gesamte Schleim von der Okra entfernt ist. Beiseite legen.

c) Das Hähnchen von allen Seiten mit kreolischem Gewürz bestreuen. Das restliche Öl in einem großen, schweren Topf erhitzen und die Hähnchenteile in zwei Portionen von allen Seiten anbraten. Das Hähnchen auf einen Teller legen.

d) Die Zwiebel, die weißen Teile der Frühlingszwiebeln, die Paprika und den Sellerie in den Topf geben und glasig dünsten. Den Knoblauch dazugeben und noch eine Minute anbraten.

e) Geben Sie das Huhn wieder in den Topf und geben Sie die Okra, die Tomaten, die Brühe, die restlichen kreolischen Gewürze, Salz, Pfeffer und Selleriesalz hinzu. Abdecken und 30 Minuten köcheln lassen.

f) Garnelen, Frühlingszwiebeln und Petersilie hinzufügen und weitere 5–10 Minuten garen, oder bis die Garnelen nur noch rosa sind. Geben Sie das Filé in den Topf, wenn Sie das gesamte Gumbo servieren möchten. In Schüsseln über dem Reis servieren. Wenn Sie das Filé nicht hinzugefügt haben, geben Sie ½–3/4 Teelöffel in jede Schüssel.

73. Muscheln, Garnelen und Krabben

Ergibt: 10 PORTIONEN

ZUTATEN
- ½ Pfund Speck, gehackt
- 1 große gelbe Zwiebel, gewürfelt
- 2 mittelgroße Karotten, geschält und gewürfelt
- 2 Stangen Sellerie, gewürfelt
- 2½ Tassen Meeresfrüchtebrühe
- 2 große rote Kartoffeln, geschält und gewürfelt
- 3 Knoblauchzehen, gehackt
- ¾ Tasse (1½ Stangen) gesalzene Butter
- ¾ Tasse Allzweckmehl
- 2 Tassen Sahne
- 2 Tassen Vollmilch
- 1 Tasse gehackte Muscheln
- ½ Tasse Krabbenfleisch
- 2 Teelöffel koscheres Salz
- 1 Teelöffel gemahlener schwarzer Pfeffer
- ½ Pfund mittelgroße rohe Garnelen, geschält und entdarmt
- 2 Esslöffel gehackte frische Petersilie

ANWEISUNGEN:
a) Den Speck in einen großen Suppentopf geben und die Hitze auf mittlere Stufe stellen. Den Speck kochen, bis er knusprig ist. Dann aus dem Topf nehmen, dabei das Fett im Topf auffangen und den Speck zur Seite stellen.
b) Zwiebel, Karotte und Sellerie in den Topf geben. Kochen, bis sie schön zart sind, dann mit der Meeresfrüchtebrühe aufgießen. Kartoffeln und Knoblauch hinzufügen und etwa 15 Minuten lang bei mittlerer Hitze köcheln lassen.
c) Während das Ganze kocht, die Butter in einen mittelgroßen Topf geben und bei mittlerer Hitze schmelzen. Mehl einstreuen und verquirlen. Unter ständigem Rühren 3 Minuten kochen lassen, dann Sahne und Milch hinzufügen. Unbedingt verquirlen, damit keine Klümpchen entstehen!
d) Die Butter-Mehl-Mischung mit den anderen Zutaten in den großen Topf geben und umrühren. Muscheln, Krabben, Salz und schwarzen

Pfeffer hinzufügen. Mischen Sie die Zutaten und reduzieren Sie dann die Hitze auf eine niedrige Stufe.

e) Garnelen und Speck hinzufügen und umrühren.

f) 15 Minuten köcheln lassen. Vor dem Servieren mit frischer Petersilie bestreuen.

74. Shrimp Etouffee

Ergibt: 4 PORTIONEN

ZUTATEN
- ½ Tasse gesalzene Butter
- ½ Tasse Allzweckmehl
- 1 Esslöffel Pflanzenöl
- 1 große grüne Paprika, gewürfelt
- ½ mittelgroße Zwiebel, gewürfelt
- 2 Stangen Sellerie, gewürfelt
- 3 Knoblauchzehen, gehackt
- 1 (14 Unzen) Dose gewürfelte Tomaten
- 1 Esslöffel Tomatenmark
- 2 Tassen Hühnerbrühe oder Meeresfrüchtebrühe
- 2 Zweige frischer Thymian, plus mehr zum Garnieren
- 1½ Teelöffel kreolisches Gewürz
- 1 Teelöffel Worcestershire-Sauce
- ½ Teelöffel gemahlener schwarzer Pfeffer
- ½ Teelöffel rote Paprikaflocken
- 2 Pfund rohe Jumbo-Garnelen, geschält und entdarmt
- 2 Tassen gekochter weißer Reis

ANWEISUNGEN:
a) In einem großen Topf bei mittlerer Hitze die Butter schmelzen. Sobald die Butter geschmolzen ist, das Mehl hinzufügen und verrühren, bis alles gut vermischt ist. Kochen Sie die Mehlschwitze 10 bis 15 Minuten lang, bis sie eine schöne, kräftige braune Farbe erreicht, aber achten Sie darauf, dass sie nicht anbrennt!
b) Paprika, Zwiebeln, Sellerie und Knoblauch hinzufügen. 3 bis 5 Minuten kochen, bis das Gemüse weich ist. Anschließend die Tomatenwürfel und das Tomatenmark dazugeben. Die Brühe langsam angießen und den frischen Thymian hinzufügen. Mischen, bis alles gut vermischt ist, dann das kreolische Gewürz, die Worcestershire-Sauce, den schwarzen Pfeffer und die roten Pfefferflocken darüber streuen. Die Zutaten verrühren und 5 Minuten bei mittlerer bis hoher Hitze kochen lassen.
c) Beginnen Sie langsam mit der Zugabe der Garnelen und rühren Sie um. Reduzieren Sie die Hitze auf eine niedrige Stufe und lassen Sie es weitere 5 Minuten kochen. Entfernen Sie die Thymianzweige. Mit Thymian garnieren und mit heißem Reis servieren.

75. Jamaikanische Garnelensuppe

MACHT: 2

ZUTATEN
- 2 Esslöffel grüne Currypaste
- 1 Tasse Gemüsebrühe
- 1 Tasse Kokosmilch
- 6 Unzen. Vorgekochte Garnelen
- 5 Unzen. Brokkoliröschen
- 3 Esslöffel Koriander, gehackt
- 2 Esslöffel Kokosöl
- 1 Esslöffel Sojasauce
- Saft von ½ Limette
- 1 mittelgroße Frühlingszwiebel, gehackt
- 1 Teelöffel zerdrückter gerösteter Knoblauch
- 1 Teelöffel gehackter Ingwer
- 1 Teelöffel Fischsauce
- ½ Teelöffel Kurkuma
- ½ Tasse Sauerrahm

ANWEISUNGEN:
a) In einem mittelgroßen Topf das Kokosöl schmelzen.
b) Knoblauch, Ingwer, Frühlingszwiebeln, grüne Currypaste und Kurkuma hinzufügen. Sojasauce und Fischsauce hinzufügen.
c) 2 Minuten kochen lassen.
d) Gemüsebrühe und Kokosmilch hinzufügen und gründlich verrühren. Bei schwacher Hitze einige Minuten kochen lassen.
e) Brokkoliröschen und Koriander hinzufügen und gründlich verrühren, sobald das Curry etwas eingedickt ist.
f) Wenn Sie mit der Konsistenz des Currys zufrieden sind, fügen Sie die Garnelen und den Limettensaft hinzu und verrühren Sie alles.
g) Bei schwacher Hitze einige Minuten kochen lassen. Bei Bedarf mit Salz und Pfeffer würzen.

76. Cajun-Wels-Gumbo

Ergibt: 10 Portionen

ZUTATEN
2 Tassen gehackte Zwiebeln
2 Tassen Frühlingszwiebeln; gehackt *
1 Tasse gehackter Sellerie
½ Tasse Paprika; gehackt
6 Cl Knoblauch; gehackt
6 7-Unzen-Welsfilets; einschneiden
3 7-Unzen-Welsfilets; für st
1 Pfund Krabbenfleisch; (Klaue)
1 Pfund Garnelen; (geschält)
1½ Tasse Öl
1½ Tasse Mehl
4 Liter heißes Wasser
Salz; schmecken
Cayennepfeffer; schmecken
* Grüns trennen und reservieren.

ANWEISUNGEN:

a) In einem separaten Topf 3 (7 Unzen) Welsfilets in 1 Liter leicht gesalzenem Wasser 15 Minuten köcheln lassen. Durch ein Käsetuch abseihen und die Flüssigkeit auffangen. Wels hacken und Fleisch aufbewahren. Geben Sie Öl und Mehl in einen Gumbo-Topf mit schwerem Boden. Bei mittlerer Hitze unter ständigem Rühren goldbraun braten. Achtung, nicht verbrennen! Alle Gewürze außer den Frühlingszwiebeln hinzufügen. 5 Minuten anbraten.

b) Fügen Sie die gesamte Fischbrühe und den gehackten Wels hinzu. Geben Sie eine Kelle nach der anderen heißes Wasser hinzu, bis die Konsistenz einer dicken Suppe erreicht ist. Krallenkrabbenfleisch und die Hälfte der Garnelen hinzufügen. Reduzieren, um zu köcheln. Etwa 45 Minuten kochen lassen, dabei gelegentlich umrühren. Den Wels, die restlichen Garnelen und die Frühlingszwiebeln dazugeben. 10-15 Minuten kochen lassen. Mit Salz und Cayennepfeffer abschmecken. Fügen Sie bei Bedarf Wasser hinzu, um das Volumen zu erhalten. Über weißem Reis servieren.

77. Hähnchen, Garnelen und Wurst Jambalaya

Ergibt 6–8 Portionen

ZUTATEN
- 1 Hähnchen, in 10 Stücke geschnitten, die Brust in Viertel teilen. Salz, frisch gemahlener schwarzer Pfeffer und kreolische Gewürze nach Geschmack
- 1/4 Tasse Pflanzenöl
- 1 Pfund geräucherte Wurst, vorzugsweise Schweinefleisch, in 0,6 cm dicke Scheiben geschnitten
- 1 große Zwiebel, gehackt
- 6 Frühlingszwiebeln, gehackt, grüne und weiße Teile getrennt
- 1 grüne Paprika, gehackt
- 2 Selleriestangen, gehackt
- 4 Knoblauchzehen, gehackt
- 3 Tassen Wasser oder mehr nach Bedarf
- ½ Teelöffel Salz
- ½ Teelöffel frisch gemahlener schwarzer Pfeffer
- 1 Esslöffel kreolisches Gewürz
- 1 ½ Tassen langkörniger weißer Reis
- 2 Pfund Garnelen, geschält und entdarmt, oder 1 Pfund mittelgroße geschälte und entdarmte gefrorene Garnelen, aufgetaut
- 1/3 Tasse gehackte italienische glatte Petersilie

ANWEISUNGEN:
a) Die Hähnchenteile abspülen und trocken tupfen. Von allen Seiten mit Salz, frisch gemahlenem schwarzem Pfeffer und kreolischen Gewürzen würzen. Das Öl in einem großen, schweren Topf erhitzen. Wenn es heiß ist, das Hähnchen von allen Seiten anbraten und auf Küchenpapier legen. Die Wurst anbraten und aus dem Topf nehmen.
b) Geben Sie bei Bedarf so viel Öl hinzu, dass der Topfboden bedeckt ist. Die Zwiebel, die weißen Teile der Frühlingszwiebeln, die Paprika und den Sellerie dazugeben und glasig dünsten. Den Knoblauch dazugeben und noch eine Minute anbraten. Wasser und Gewürze hinzufügen und bei starker Hitze zum Kochen bringen. Den Reis hinzufügen, abdecken und die Hitze auf eine niedrige Stufe reduzieren. 20 Minuten köcheln lassen. Rühren Sie vorsichtig die Garnelen (zu diesem Zeitpunkt sollte sich noch etwas Flüssigkeit am Boden des Topfes befinden. Wenn nicht, fügen Sie 1/4 Tasse Wasser für Feuchtigkeit hinzu, während die Garnelen kochen), die Frühlingszwiebelspitzen und die Petersilie und lassen Sie es köcheln Weitere 10 Minuten oder bis das Wasser absorbiert ist. Vorsichtig umrühren, damit die Zutaten nicht zerfallen.
c) Heiß servieren mit heißem französischem Brot und Salat und scharfer Louisiana-Sauce als Beilage.

78. Slow Cooker Jambalaya

Ergibt 6–8 Portionen

ZUTATEN

- 1 ½ Pfund Hähnchenschenkel ohne Knochen, abgespült, von überschüssigem Fett befreit und in 2,5 cm große Würfel geschnitten
- 3 Glieder geräucherte Cajun-Wurst (insgesamt etwa 14 Unzen), in 1/4 Zoll dicke Runden geschnitten
- 1 mittelgroße Zwiebel, gehackt
- 1 grüne Paprika, gehackt
- 1 Selleriestange, gehackt
- 3 Knoblauchzehen, gehackt
- 2 Esslöffel Tomatenmark
- 1 Teelöffel kreolisches Gewürz
- 1 Teelöffel Salz
- ½ Teelöffel frisch gemahlener schwarzer Pfeffer
- ½ Teelöffel Tabasco-Sauce
- ½ Teelöffel Worcestershire-Sauce
- 2 Tassen Hühnerbrühe
- 1 ½ Tassen Langkornreis
- 2 Pfund mittelgroße Garnelen, geschält und entdarmt (optional)

ANWEISUNGEN:

a) Geben Sie alle Zutaten (außer den Garnelen, falls verwendet) in einen Slow Cooker. Umrühren, abdecken und 5 Stunden auf niedriger Stufe kochen lassen.

b) Wenn Sie Garnelen verwenden, rühren Sie diese nach 5 Stunden Garzeit vorsichtig ein und garen Sie sie 30 Minuten bis 1 weitere Stunde lang auf höchster Stufe, oder bis die Garnelen gar, aber nicht verkocht sind.

79. Mit Jambalaya gefüllte Kohlrouladen

Ergibt: 6 BIS 8 PORTIONEN

ZUTATEN
- 2 Esslöffel natives Olivenöl extra
- 1 Pfund Andouillewurst, gehackt
- 1 große rote Paprika, gewürfelt
- 1 große grüne Paprika, gewürfelt
- 1 große rote Zwiebel, gehackt
- 1 (14,5 Unzen) Dose gewürfelte Tomaten, nicht abgetropft
- 2 Esslöffel Tomatenmark
- 5 Knoblauchzehen, gehackt
- 2½ Teelöffel Cajun-Gewürz, geteilt
- 2 Teelöffel getrockneter Thymian
- 2 Teelöffel Paprika
- 2 Teelöffel Worcestershire-Sauce
- 1½ Teelöffel Selleriesalz
- 3 Lorbeerblätter
- 6 Tassen Gemüsebrühe, geteilt
- 1½ Tassen ungekochter weißer Reis
- 1 Pfund mittelgroße rohe Garnelen, geschält und entdarmt
- 1 großer Kohlkopf, Blätter einzeln entfernt
- Pflanzenöl zum Einfetten
- 1 Tasse Tomatensauce aus der Dose
- Koscheres Salz und schwarzer Pfeffer nach Geschmack

ANWEISUNGEN:

a) In einem großen Suppentopf bei mittlerer Hitze das Öl beträufeln. Sobald das Öl heiß ist, die Wurst hineingeben und kochen, bis sie braun wird. Nehmen Sie die Wurst aus dem Topf und stellen Sie sie zur Seite.

b) Als nächstes fügen Sie die Paprika und Zwiebeln hinzu. Kochen, bis sie schön zart sind, dann die Tomaten (mit dem Saft), das Tomatenmark und den Knoblauch hinzufügen. Gut umrühren. Fügen Sie 2 Teelöffel Cajun-Gewürz, Thymian, Paprika, Worcestershire-Sauce, Selleriesalz, Lorbeerblätter und 3 Tassen Gemüsebrühe hinzu. Rühren Sie die Zutaten um und geben Sie dann die Wurst zusammen mit dem ungekochten Reis zurück in den Topf. Nochmals umrühren und 25 bis 30 Minuten kochen lassen, oder bis die Flüssigkeit aufgesogen ist. Dann die Garnelen dazugeben, umrühren und vom Herd nehmen. Zur Seite stellen.

c) In einem separaten Suppentopf bei mittlerer Hitze die Kohlblätter und die restlichen 3 Tassen Gemüsebrühe hinzufügen. Kochen, bis der Kohl weich ist, dann abgießen und abkühlen lassen.

d) Eine Auflaufform leicht einölen. Wickeln Sie etwa ¼ Tasse Jambalaya in jedes Kohlblatt und legen Sie die Rollen in die Auflaufform. Zur Seite stellen.

e) In einer kleinen Schüssel die Tomatensauce, den restlichen ½ Teelöffel Cajun-Gewürz, Salz und Pfeffer vermischen. Rühren, bis alles gut vermischt ist.

f) Die Tomatensauce über die Kohlrouladen gießen, dann die Auflaufform mit Alufolie abdecken und im Ofen 25 bis 30 Minuten backen. Aus dem Ofen nehmen und vor dem Servieren abkühlen lassen.

80. Zerbrochene Garnelen-Jambalaya

Ergibt: 6 Portionen

ZUTATEN
1½ Pfund gebrochene Garnelen (gekocht)
1 Tasse Erdnussöl
Jeweils 4 Zwiebeln, gehackt
Jeweils 5 Knoblauchzehen
Jeweils 2 Bund Schalotten
Je 1 Paprika, gehackt
2 Teelöffel Paprika
1 x roter, schwarzer, weißer Pfeffer
1 x Salz
¼ Pfund geräucherte Wurst 3 c Ri
5 Tassen Wasser

Öl erhitzen, Zwiebeln, Knoblauch, Schalotten, Paprika, geräucherte Wurst, Paprika, Salz und Paprika hinzufügen und gut anbraten. Garnelenstücke, Reis und Wasser hinzufügen. Zum Kochen bringen, abdecken und bei sehr schwacher Hitze 20 bis 25 Minuten dämpfen. Mit der Gabel umrühren und den Deckel wieder aufsetzen.
Mit scharfer Soße abschmecken.

81. Couscous Jambalaya

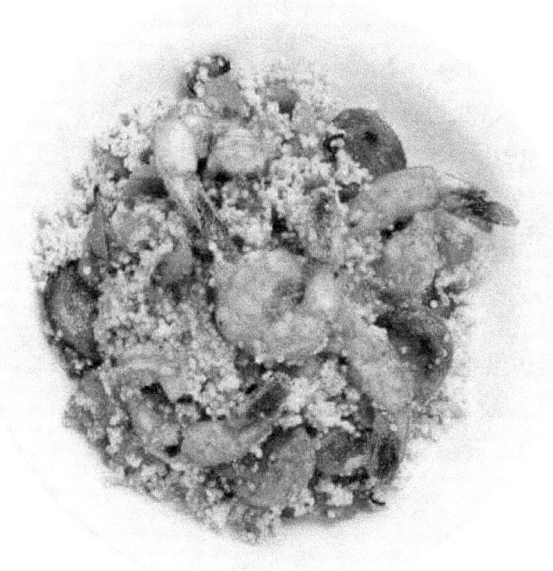

Ergibt: 2 Portionen

ZUTATEN
- 1 Esslöffel Pflanzenöl
- ¼ Tasse gehackter Sellerie
- ¼ Tasse gehackter grüner Pfeffer
- ¼ Tasse gehackte Zwiebel
- 2 Esslöffel gehackter Knoblauch
- ½ Tasse gewürfeltes Hähnchen
- ½ Tasse gehackte Andouillewurst
- 1 Tasse Hühnerbrühe
- 12 Garnelen; geschält und gehackt
- ½ Tasse gewürfelte Tomaten
- 1 Bayou-Explosion
- 1 Worcestershire-Sauce; schmecken
- 1 Tabasco-Sauce; schmecken
- 1 Salz; schmecken
- 1 frisch gemahlener schwarzer Pfeffer; schmecken
- 1 Tasse Couscous
- 1 gehackte Frühlingszwiebel; für garnieren

Öl in einem mittelgroßen Suppentopf erhitzen, gehacktes Gemüse hinzufügen und 5 Minuten anbraten, bis es weich ist. Knoblauch, Hühnchen und Wurst hinzufügen; unter häufigem Rühren 5 Minuten kochen lassen. Brühe hinzufügen und zum Kochen bringen. Garnelen, Tomaten und Gewürze nach Geschmack hinzufügen; 3 Minuten kochen lassen. Couscous einrühren, abdecken und vom Herd nehmen; 15 Minuten ruhen lassen, bis der Couscous weich ist und die gesamte Flüssigkeit aufgesogen hat. Couscous mit einer Gabel auflockern. Abschmecken, nachwürzen und bei Bedarf kurz aufwärmen. Mit Frühlingszwiebeln garniert servieren.

82. Mais- und Garnelensuppe

Ergibt 8 Portionen

ZUTATEN
- 2 Pfund mittelgroße Garnelen in Schalen mit Köpfen
- 8 Ähren Mais
- 1 Stück Butter
- ½ Tasse Allzweckmehl
- 1 große Zwiebel, gehackt
- 3 Frühlingszwiebeln, gehackt, weiße und grüne Teile getrennt
- 1 grüne Paprika, gehackt
- 2 Selleriestangen, gehackt
- 1 Teelöffel gehackter Knoblauch
- 1 (10 Unzen) Dose original Ro-Tel-Tomaten und grüne Chilis
- Salz, frisch gemahlener schwarzer Pfeffer und kreolische Gewürze nach Geschmack
- ½ Pint Sahne
- 2 Esslöffel gehackte glatte Petersilie

ANWEISUNGEN:

a) Die Garnelen entköpfen, schälen und entdarmen und die Köpfe und Schalen in einen großen Topf geben. Stellen Sie die Garnelen im Kühlschrank beiseite.

b) Schneiden Sie mit einem sehr scharfen Messer die Körner von den Maiskolben ab und geben Sie sie in eine sehr große Schüssel. Schaben Sie mit einem stumpfen Tafelmesser die Maiskolben ab, um den gesamten Maissaft in die Schüssel zu geben. Beiseite legen.

c) Die Maiskolben mit den Garnelenschalen in den Topf geben. So viel Wasser hinzufügen, dass die Schalen und Kolben bedeckt sind, und zum Kochen bringen. Die Hitze auf mittlere Stufe reduzieren und 30 Minuten ohne Deckel köcheln lassen. Wenn die Brühe leicht abgekühlt ist, gießen Sie sie in einen großen Messbecher und entfernen Sie die Schalen und Kolben. Sie sollten 8 Tassen Brühe haben; Wenn nicht, fügen Sie so viel Wasser hinzu, dass 8 Tassen Flüssigkeit entstehen.

d) In einem großen, schweren Topf die Butter bei mittlerer Hitze schmelzen; Fügen Sie das Mehl hinzu und kochen Sie es unter ständigem Rühren, bis die Mehlschwitze die Farbe von Butterscotch annimmt.

e) Die Zwiebel, die weißen Teile der Frühlingszwiebeln, die Paprika, den Sellerie und den Knoblauch hinzufügen und kochen, bis die Zwiebeln glasig sind. Die Tomaten dazugeben und nach und nach die Brühe einrühren. Mit Salz, Pfeffer und kreolischen Gewürzen würzen und zugedeckt etwa 15 Minuten köcheln lassen. Den Mais hinzufügen und weitere 10 Minuten kochen lassen. Fügen Sie die Garnelen hinzu und kochen Sie sie etwa 2 Minuten lang, bis sie rosa sind. Sahne, Frühlingszwiebeln und Petersilie hinzufügen. Zum Servieren vorsichtig erhitzen. Nicht kochen.

83. Garnelen und Grits

Ergibt 6 Portionen

ZUTATEN
- 3 Pfund große Garnelen (ca. 15 bis 20 pro Pfund), geschält und entdarmt
- 5 Esslöffel Butter, geteilt
- 8 Frühlingszwiebeln, gehackt
- 5 große Knoblauchzehen, gehackt
- Schale und Saft von 1 Zitrone
- 1/3 Tasse trockener Weißwein
- 1 Esslöffel Worcestershire-Sauce
- 1 Teelöffel italienisches Gewürz
- Frisch gemahlener schwarzer Pfeffer nach Geschmack
- ½ Teelöffel plus 1/4 Teelöffel Salz, geteilt
- 1 Teelöffel kreolisches Gewürz
- 2 Esslöffel gehackte glatte Petersilie
- 1 Tasse schnelle Grütze
- 4 1/4 Tassen Wasser
- 1/4 Tasse frisch geriebener Parmesan

ANWEISUNGEN:

a) 4 Esslöffel Butter in einer großen, schweren Pfanne bei mittlerer Hitze schmelzen. Zwiebeln und Knoblauch dazugeben und anbraten, bis sie zusammengefallen sind. Die Garnelen dazugeben und unter Rühren einige Minuten anbraten, bis sie rosa werden. Zitronenschale und -saft, Wein, Worcestershire-Sauce, italienische Gewürze, Pfeffer, kreolische Gewürze und einen halben Teelöffel Salz hinzufügen und etwa 3 Minuten köcheln lassen. Garen Sie die Garnelen nicht zu lange. Vom Herd nehmen und mit Petersilie bestreuen.

b) Um die Grütze zu kochen, bringen Sie das Wasser in einem großen Topf zum Kochen und geben Sie die Grütze in einem gleichmäßigen Strahl unter Rühren hinzu. Das restliche Salz hinzufügen. Abdecken, die Hitze auf eine niedrige Stufe reduzieren und etwa 10 Minuten köcheln lassen. Vom Herd nehmen und den Parmesan und die restliche Butter unterrühren. Servieren Sie die Garnelen über dem Grütze auf Tellern oder in Schüsseln.

84. Garnelen-Remoulade

Ergibt 6–8 Portionen

ZUTATEN
- ½ Tasse gehackte Frühlingszwiebeln
- ½ Tasse gehackter Sellerie
- 1/4 Tasse gehackte glatte Petersilie
- 2 Knoblauchzehen, gehackt
- ½ Tasse frischer Meerrettich (im Kühlregal von Lebensmittelgeschäften erhältlich)
- ½ Tasse Ketchup
- 3/4 Tasse kreolischer Senf
- 2 Esslöffel Worcestershire-Sauce
- 3 Esslöffel frischer Zitronensaft
- 1/8 Teelöffel Cayennepfeffer
- Salz, frisch gemahlener schwarzer Pfeffer und Cayennepfeffer nach Geschmack
- 3 Pfund große geschälte und entdarmte Garnelen
- Geriebener Salat, etwa 4 Tassen

ANWEISUNGEN:
a) In einer Schüssel alle Zutaten außer Garnelen und Salat vermischen und gut vermischen. Abschmecken und die Gewürze anpassen.
b) Legen Sie die Garnelen einige Stunden vor dem Servieren in eine große Schüssel. Rühren Sie die Soße nach und nach unter, bis die Konsistenz Ihren Wünschen entspricht. Einige bevorzugen möglicherweise das gesamte Dressing, andere weniger. Über zerkleinertem Salat servieren.
a) Über Frischkäse servieren und auf Crackern verteilen.

85. Gefüllte Mirlitons

FÜR 6–8 PORTIONEN (1–2 MIRLITON-HÄLFTEN PRO PORTION)

ZUTATEN
- 6 Mirlitonnen
- 7 Esslöffel Butter, geteilt
- 1 mittelgroße Zwiebel, gehackt
- 1 Bund (6–8) Frühlingszwiebeln, gehackt, weiße und grüne Teile getrennt
- 2 Selleriestangen, gehackt
- 4 Knoblauchzehen, gehackt
- 1 Teelöffel italienisches Gewürz
- 1 Teelöffel Tabasco-Sauce
- 1 Esslöffel frischer Zitronensaft
- Salz und frisch gemahlener schwarzer Pfeffer nach Geschmack
- 2 Pfund mittelgroße Garnelen, geschält und entdarmt, oder 1 Pfund geschälte gefrorene Garnelen, aufgetaut
- 1 Pfund Krabbenfleischklumpen
- 1 1/4 Tassen italienische Semmelbrösel, geteilt

ANWEISUNGEN:

a) In einem großen Topf die Mirlitons im Ganzen etwa 1 Stunde lang mit einer Gabel kochen, bis sie weich sind. Abtropfen lassen und abkühlen lassen.

b) In der Zwischenzeit 4 Esslöffel Butter in einer großen Pfanne schmelzen. Die Zwiebel, die weißen Teile der Frühlingszwiebeln und den Sellerie dazugeben und glasig dünsten. Den Knoblauch dazugeben und noch eine Minute anbraten. Gewürze und Zitronensaft hinzufügen und vom Herd nehmen.

c) Die Mirlitons der Länge nach halbieren und die Kerne entfernen. Das Fruchtfleisch herauslöffeln, so dass eine etwa 1/4 Zoll dicke Schale zurückbleibt. Das Mirliton-Fruchtfleisch in die Pfanne geben und etwa 5 Minuten köcheln lassen. Garnelen und Frühlingszwiebeln dazugeben und unter Rühren kochen, bis die Garnelen rosa werden. Mischen Sie eine halbe Tasse italienische Semmelbrösel und Krabbenfleisch unter und rühren Sie vorsichtig um, damit das Krabbenfleisch in Stücken bleibt.

d) Ein gefettetes Backblech mit Mirlitonschalen auslegen. Die Schalen mit der Meeresfrüchtemischung füllen und jeweils mit 1 Esslöffel der restlichen Semmelbrösel bestreuen. Die restliche Butter in kleine Stücke schneiden und die Oberseiten der Mirlitons damit bestreichen.

e) Etwa 30 Minuten backen, bis die Oberfläche braun ist. Oder in den letzten Minuten des Garvorgangs unter dem Grill anbraten. Sofort servieren.

86. Lagniappe-Chili

Ergibt: 40 Portionen

ZUTATEN
- 1 Pfund getrocknete Pintobohnen
- 6 Liter Wasser oder Rinderbrühe
- 2 Lorbeerblätter
- 3 Unzen getrocknete Tomaten
- 1 Esslöffel Salbei
- 1 Teelöffel Oregano
- 3 Teelöffel Cayenne-Pulver
- 1 Esslöffel schwarze Senfkörner; geröstet
- 1 Esslöffel Kreuzkümmel; geröstet
- ½ Tasse Worcestershire-Sauce
- ½ Tasse Nuoc mam
- ¼ Tasse schwarzer Pfeffer
- ¼ Tasse scharfes Paprikapulver
- ¼ Tasse gemahlener Kreuzkümmel
- 4 große Chipotle-Paprikaschoten; in Stücke gerissen
- 2 große Jalapenopfeffer; gehackt
- 2 Pfund frische Tomaten; gehackt
- 1 Dose (28 oz) geschälte Tomaten; gehackt
- 12 Unzen Tomatenmark
- 2 Köpfe Knoblauch; gedrückt
- 2 große gelbe Zwiebeln; gehackt
- 4 Esslöffel Rapsöl
- 1 Pfund Kielbasa
- 3 Pfund Rinderhackfleisch
- 2 Esslöffel getrocknete Garnelen
- 1 Tasse geräucherte Austern
- ¼ Tasse Honig
- Salz nach Geschmack

ANWEISUNGEN:
a) Pintobohnen über Nacht einweichen. Am nächsten Morgen die Bohnen abtropfen lassen und die schwimmenden wegwerfen.
b) Wasser oder Rinderbrühe erhitzen, Pintos hinzufügen. Langsam zum Kochen bringen, Hitze reduzieren, Lorbeerblätter hinzufügen und zwei Stunden köcheln lassen. Während die Bohnen köcheln, geben Sie einen Esslöffel Kreuzkümmel und einen Esslöffel schwarze Senfkörner in eine kleine, trockene Bratpfanne. Stellen Sie die Hitze hoch und kochen Sie unter ständigem Rühren, bis die Samen *gerade* anfangen zu platzen. Sofort vom Herd nehmen und in einem Mörser oder einer Küchenmaschine zerstoßen. Reservieren.
c) Als nächstes fügen Sie alle trockenen Gewürze, Tomaten und Chipotle-Paprika zu den Bohnen hinzu. Gut umrühren. Worcestershire-Sauce und Nuoc Mam hinzufügen und umrühren. Vier Esslöffel Öl in eine große Pfanne geben, Zwiebeln und Jalapenopfeffer hacken und bei mittlerer Hitze braten, bis die Zwiebeln glasig sind. In den Chilitopf geben und umrühren. Ein Pfund Kielbasa in Scheiben schneiden, in der Pfanne anbraten und zum Chili geben. Jetzt drei Pfund Rinderhackfleisch anbraten und mit dem Spatel in mundgerechte Stücke schneiden. Vom Herd nehmen, abtropfen lassen und zum Chili geben.
d) Drücken Sie nun zwei Knoblauchzehen (ca. 25 Zehen) in die Chili. Getrocknete Garnelen und geräucherte Austern hinzufügen. Umrühren, zum Kochen bringen, auf mittlere Stufe köcheln lassen und abgedeckt weitere ein bis zwei Stunden kochen lassen, dabei gelegentlich umrühren. Etwa fünfzehn Minuten vor dem Servieren eine viertel Tasse Honig hinzufügen, umrühren und mit Salz abschmecken. Vom Herd nehmen und servieren.

87. Zucchini-Frühlingsrollenschalen

Zutaten
- 3 Esslöffel cremige Erdnussbutter
- 2 Esslöffel frisch gepresster Limettensaft
- 1 Esslöffel natriumarme Sojasauce
- 2 Teelöffel dunkelbrauner Zucker
- 2 Teelöffel Sambal Oelek (gemahlene frische Chilipaste)
- 1 Pfund mittelgroße Garnelen, geschält und entdarmt
- 4 mittelgroße Zucchini, spiralisiert
- 2 große Karotten, geschält und gerieben
- 2 Tassen geriebener Rotkohl
- ⅓ Tasse frische Korianderblätter
- ⅓ Tasse Basilikumblätter
- ¼ Tasse Minzblätter
- ¼ Tasse gehackte geröstete Erdnüsse

Richtungen

a) FÜR DIE ERDNUSSSAUCE: Erdnussbutter, Limettensaft, Sojasauce, braunen Zucker, Sambal Oelek und 2 bis 3 Esslöffel Wasser in einer kleinen Schüssel verrühren. Bis zum Servieren bis zu 3 Tage im Kühlschrank lagern.

b) In einem großen Topf mit kochendem Salzwasser die Garnelen etwa 3 Minuten lang rosa kochen. Abgießen und in einer Schüssel mit Eiswasser abkühlen lassen. Gut abtropfen lassen.

c) Verteilen Sie die Zucchini in Meal-Prep-Behältern. Mit Garnelen, Karotten, Kohl, Koriander, Basilikum, Minze und Erdnüssen belegen. Im Kühlschrank abgedeckt bleibt es 3 bis 4 Tage haltbar. Mit der würzigen Erdnusssauce servieren.

88. Quinoa- und Garnelensalat

Ergibt: 4 Portionen

ZUTATEN
- 1 Tasse Quinoa, gekocht
- ½ Pfund Garnelen; gekocht; in 1/2-Zoll-Würfeln
- ½ Tasse frischer Koriander; fein gehackt
- ¼ Tasse frischer Schnittlauch oder Frühlingszwiebeln
- je 1 Jalapeno-Pfeffer; gehackt
- je 1 Knoblauchzehe; gehackt
- 1 Teelöffel Salz
- ½ Teelöffel schwarzer Pfeffer
- 3 Esslöffel Limettensaft
- 1 Esslöffel Honig
- 1 Esslöffel Sojasauce
- 2 Esslöffel Olivenöl

ANWEISUNGEN

a) Für das Dressing Jalapeno, Knoblauch, Salz, Pfeffer, Limettensaft, Honig, Sojasauce und Olivenöl verrühren. Vorsichtig mit Quinoa vermengen.

b) Je nach Geschmack würzen.

89. Katergarnelen

Ergiebigkeit: 1 Portionen

Zutat
- 32 Unzen V-8-Saft
- 1 Dose Bier
- 3 Jalapeño-Paprika (oder Habaneros)
- 1 große Zwiebel; gehackt
- 1 Teelöffel Salz
- 2 Knoblauchzehen; gehackt
- 3 Pfund Garnelen; geschält und entdarmt

Richtungen

a) Alle Zutaten außer Garnelen in einen großen Topf geben und zum Kochen bringen.

b) Garnelen hinzufügen und vom Herd nehmen. Etwa 20 Minuten stehen lassen. Garnelen abtropfen lassen und abkühlen lassen.

c) Formatiert und kaputt gemacht von Carriej999@...

90. Windrad-Garnelenröllchen

Ergibt: 4 Portionen

ZUTATEN

g) 5 große Eier
h) 1 Esslöffel Salatöl
i) 1 Pfund rohe Garnelen; geschält, entdarmt
j) 2 Teelöffel Salz
k) ⅓ Tasse Feine getrocknete Semmelbrösel
l) 1 Teelöffel fein gehackter frischer Ingwer
m) 1 Eiweiß
n) ⅛ Teelöffel Peperonipulver
o) ¼ Teelöffel weißer Pfeffer
p) 2 Esslöffel Wermut
q) ¼ Tasse Hühner- oder Fischbrühe
r) 2 Esslöffel fein gehackte Frühlingszwiebeln; Nur weißer Teil
s) ½ rote Paprika oder Pimiento, gewürfelt
t) 1 kleine Karotte; geschreddert
u) 8 Zuckerschoten; gewürfelt
v) ¼ Tasse Austernsauce
w) ¼ Tasse Hühnerbrühe
x) 1 Esslöffel Sojasauce
y) 1 Esslöffel Tabasco-Sauce
z) 1 Teelöffel gemahlener frischer Ingwer

ANWEISUNGEN:
- Die 5 Eier schlagen, bis alles gut vermischt ist. Eine mit Teflon ausgelegte Pfanne mit der Hälfte des Salatöls bestreichen.
- Erhitzen Sie die Pfanne, gießen Sie die Hälfte der Eier hinein und schwenken Sie die Pfanne so, dass die Eier den Boden der Pfanne bedecken.
- Eier-Crêpe kochen, bis es fest ist. Aus der Pfanne nehmen und abkühlen lassen. Wiederholen.
- Reiben Sie die Garnelen mit 1 TL ein. salzen und gründlich unter fließendem kaltem Wasser waschen. Garnelen abtropfen lassen und trocken tupfen.
- Zerkleinern Sie die Garnelen mit dem Ein-/Ausschalter der Küchenmaschine und geben Sie sie in eine große Rührschüssel.
- Restliches Salz, Semmelbrösel, Ingwer, Eiweiß, Pfeffer, Wermut, Hühner- oder Fischbrühe und Frühlingszwiebeln unterrühren. Kräftig umrühren, bis die Mischung vermischt ist.
- Gewürfelte Zuckererbsen und süße rote Paprika oder Pimiento hinzufügen.
- Eine halbe Garnelenmischung auf einem Eier-Crêpe verteilen, die Hälfte der geraspelten Karotten darauflegen und aufrollen. Mit dem anderen Crêpe wiederholen.
- Garnelenröllchen auf dem Teller in einen Dampfgarer legen und 10 Minuten dämpfen. Mit Austernsauce servieren. Auster

SOSSE:
- Alles vermischen, in einem Topf erhitzen und warm mit Garnelenröllchen servieren.

91. Pasta mit Käse-Pesto-Garnelen und Pilzen

Portionen pro Rezept: 8

Zutaten
- 1 (16 oz.) Packung Linguine-Nudeln
- 1 Tasse zubereitetes Basilikumpesto
- 2 Esslöffel Olivenöl
- 1 Pfund gekochte Garnelen, geschält und entdarmt
- 1 kleine Zwiebel, gehackt
- 20 Pilze, gehackt
- 8 Knoblauchzehen, in Scheiben geschnitten
- 3 Roma-Tomaten (Pflaumentomaten), gewürfelt
- 1/2 Tasse Butter
- 2 Esslöffel Allzweckmehl
- 2 Tassen Milch
- 1 Prise Salz
- 1 Prise Pfeffer
- 1 1/2 Tasse geriebener Romano-Käse

Richtungen

a) Geben Sie die Nudeln in einen großen Topf mit leicht gesalzenem kochendem Wasser und kochen Sie sie etwa 8 bis 10 Minuten lang oder bis zum gewünschten Gargrad, lassen Sie sie gut abtropfen und stellen Sie sie beiseite.
b) In einer großen Pfanne Öl bei mittlerer Hitze erhitzen und die Zwiebel etwa 4–5 Minuten anbraten.
c) Butter und Knoblauch dazugeben und etwa 1 Minute anbraten.
d) In der Zwischenzeit Milch und Mehl in einer Schüssel vermischen und unter ständigem Rühren in eine Pfanne gießen.
e) Salz und schwarzen Pfeffer einrühren und unter Rühren etwa 4 Minuten kochen lassen.
f) Den Käse unter ständigem Rühren hinzufügen, bis er vollständig geschmolzen ist.
g) Pesto und Garnelen, Tomaten und Pilze einrühren und etwa 4 Minuten kochen lassen oder bis es vollständig erhitzt ist.
h) Fügen Sie die Nudeln hinzu, vermengen Sie sie und servieren Sie sie sofort.

92. Käse-Pesto-Garnelen mit Nudeln

Portionen pro Rezept: 8

Zutaten
- 1 Pfund Linguine-Nudeln
- 1/3 Tasse Pesto
- 1/2 Tasse Butter
- 1 Pfund große Garnele, geschält und entdarmt
- 2 Tassen Sahne
- 1/2 Teelöffel gemahlener schwarzer Pfeffer
- 1 Tasse geriebener Parmesankäse

Richtungen

a) Geben Sie die Nudeln in einen großen Topf mit leicht gesalzenem kochendem Wasser und kochen Sie sie etwa 8 bis 10 Minuten lang oder bis zum gewünschten Gargrad, lassen Sie sie gut abtropfen und stellen Sie sie beiseite.

b) In der Zwischenzeit die Butter in einer großen Pfanne bei mittlerer Hitze schmelzen. Sahne und schwarzen Pfeffer hinzufügen und unter ständigem Rühren etwa 6–8 Minuten kochen lassen.

c) Den Käse dazugeben und verrühren, bis alles gut vermischt ist. Das Pesto einrühren und unter ständigem Rühren etwa 3–5 Minuten kochen lassen.

d) Die Garnelen dazugeben und etwa 3–5 Minuten kochen lassen. Heiß mit Nudeln servieren.

93. Kokosgarnelen mit Curry-Hummus

Ergibt: 2 Dutzend

ZUTATEN
- ¾ Tasse ungesüßt, zerkleinert
- Kokosnuss (ca. 2 Unzen)
- 12 mittelgroße Garnelen, geschält
- Der Länge nach halbiert,
- Und entdarmt
- Salz und Pfeffer
- 3 Esslöffel Honig
- ½ Tasse zubereiteter Hummus (ca. 110 g)
- 2 Teelöffel Madras-Currypulver
- 24 Miniatur-Pappadums oder
- 2 Pitabrote
- Halbieren
- Horizontal, dann schneiden
- In Keile und Toast schneiden
- 24 Korianderblätter

ANWEISUNGEN:

a) Heizen Sie den Ofen auf 350 F vor. Rösten Sie die Kokosnuss etwa 5 Minuten lang unter gelegentlichem Wenden, bis sie goldbraun und knusprig ist. Auf einen Teller geben und abkühlen lassen.

b) Die Garnelen mit Salz und Pfeffer würzen und mit dem Honig bestreichen.

c) Die Garnelen in der Kokosnuss wenden und auf einem Backblech anrichten.

d) Etwa 7 Minuten lang backen, oder bis die Garnelen gar sind. Abkühlen lassen.

In einer kleinen Schüssel Hummus und Currypulver vermengen/in einen Spritzbeutel mit kleiner runder Spitze füllen und von jedem Pappadum (oder Stück Pita) eine kleine Menge Curry-Hummus aufspritzen. Oder geben Sie den Hummus auf das Pappadum. Belegen Sie jedes Pappadum mit einer Kokosgarnele, garnieren Sie es mit einem Korianderblatt und servieren Sie es.

94. Garnelen mit Knoblauchbutter

ZUTATEN

1 Pfund rohe Garnelen, geschält und entdarmt
4 Knoblauchzehen, gehackt
4 Esslöffel Butter
Salz und Pfeffer nach Geschmack
Zitronenschnitze zum Servieren
ANWEISUNGEN

Butter in einer Pfanne bei mittlerer Hitze schmelzen.

Den gehackten Knoblauch hinzufügen und 1-2 Minuten anbraten, bis er duftet.

Garnelen in die Pfanne geben und mit Salz und Pfeffer würzen.

3-4 Minuten kochen, bis die Garnelen rosa werden und gar sind.

Heiß mit Zitronenspalten als Beilage servieren.

95. Cajun-Garnelen und Reis

ZUTATEN

1 Pfund rohe Garnelen, geschält und entdarmt
2 Esslöffel Cajun-Gewürz
1/2 Teelöffel Salz
2 Esslöffel Butter
1 Zwiebel, gehackt
1 grüne Paprika, gehackt
2 Knoblauchzehen, gehackt
1 Tasse ungekochter weißer Reis
2 Tassen Hühnerbrühe
Gehackte Petersilie zum Garnieren

ANWEISUNGEN

Garnelen mit Cajun-Gewürz und Salz würzen.

Butter in einer großen Pfanne bei mittlerer bis hoher Hitze schmelzen.

Gehackte Zwiebeln und grüne Paprika in die Pfanne geben und 3-4 Minuten anbraten, bis sie weich sind.

Den gehackten Knoblauch hinzufügen und 1-2 Minuten anbraten, bis er duftet.

Geben Sie den Reis in die Pfanne und rühren Sie ihn um, um ihn mit der Butter und dem Gemüse zu bedecken.

Hühnerbrühe angießen und zum Kochen bringen.

Reduzieren Sie die Hitze auf eine niedrige Stufe, decken Sie den Reis ab und lassen Sie ihn 15–20 Minuten köcheln, bis der Reis gar ist.

Gewürzte Garnelen in die Pfanne geben und 3-4 Minuten kochen lassen, bis die Garnelen rosa werden und durchgegart sind.

Heiß mit gehackter Petersilie servieren.

96. <u>Shrimp Tacos</u>

ZUTATEN

1 Pfund rohe Garnelen, geschält und entdarmt
2 Esslöffel Olivenöl
2 Esslöffel Taco-Gewürz
8 Maistortillas
Geraspelter Kohl oder Salat
Gewürfelte Tomate
Geschnittene Avocado
Sauerrahm
Limettenschnitze zum Servieren
ANWEISUNGEN

Garnelen mit Taco-Gewürz würzen.

Olivenöl in einer großen Pfanne bei mittlerer bis hoher Hitze erhitzen.

Garnelen in die Pfanne geben und 3-4 Minuten kochen lassen, bis die Garnelen rosa werden und gar sind.

Tortillas in einer trockenen Pfanne oder Mikrowelle erwärmen.

Stellen Sie Tacos mit geriebenem Kohl oder Salat, Tomatenwürfeln, Avocadoscheiben, gekochten Garnelen und einem Klecks Sauerrahm zusammen.

Heiß mit Limettenspalten als Beilage servieren.

97. Garnelen Alfredo

ZUTATEN

1 Pfund rohe Garnelen, geschält und entdarmt
1 Pfund Fettuccine-Nudeln
1/2 Tasse Butter
2 Knoblauchzehen, gehackt
2 Tassen Sahne
1/2 Tasse geriebener Parmesankäse
Salz und Pfeffer nach Geschmack
Gehackte Petersilie zum Garnieren
ANWEISUNGEN

Nudeln nach Packungsanleitung kochen und abtropfen lassen.

Garnelen mit Salz und Pfeffer würzen.

Butter in einer großen Pfanne bei mittlerer Hitze schmelzen.

Den gehackten Knoblauch hinzufügen und 1-2 Minuten anbraten, bis er duftet.

Garnelen in die Pfanne geben und 3-4 Minuten kochen lassen, bis die Garnelen rosa werden und gar sind.

Sahne und geriebenen Parmesankäse in die Pfanne geben und verrühren.

2-3 Minuten kochen lassen, bis die Soße eindickt.

Mit Salz und Pfeffer abschmecken.

Heiß über gekochten Fettuccine-Nudeln servieren und mit gehackter Petersilie garnieren.

98. gebratener Reis mit Shrimps

ZUTATEN

1 Pfund rohe Garnelen, geschält und entdarmt
3 Tassen gekochter Reis, abgekühlt
2 Esslöffel Pflanzenöl
1 Zwiebel, gehackt
2 Karotten, gewürfelt
2 Knoblauchzehen, gehackt
2 Eier, leicht geschlagen
1/2 Tasse gefrorene Erbsen
2 Esslöffel Sojasauce
Salz und Pfeffer nach Geschmack

ANWEISUNGEN

Pflanzenöl in einer großen Pfanne bei mittlerer bis hoher Hitze erhitzen.

Gehackte Zwiebeln und gewürfelte Karotten in die Pfanne geben und 3-4 Minuten anbraten, bis sie weich sind.

Den gehackten Knoblauch hinzufügen und 1-2 Minuten anbraten, bis er duftet.

Rohe Garnelen in die Pfanne geben und 3-4 Minuten kochen lassen, bis die Garnelen rosa werden und durchgegart sind.

Schieben Sie das Gemüse und die Garnelen auf eine Seite der Pfanne und gießen Sie auf der anderen Seite die geschlagenen Eier hinein.

Die Eier verrühren, bis sie gar sind, und mit dem Gemüse und den Garnelen vermischen.

Gekochten Reis und gefrorene Erbsen in die Pfanne geben und umrühren.

Mit Sojasauce, Salz und Pfeffer abschmecken.

2-3 Minuten kochen lassen, bis der gebratene Reis durchgewärmt ist.

Heiß servieren.

99. Kokos-Garnelen-Curry

ZUTATEN

1 Pfund rohe Garnelen, geschält und entdarmt
1 Esslöffel Pflanzenöl
1 Zwiebel, gehackt
2 Knoblauchzehen, gehackt
1 Esslöffel geriebener Ingwer
1 Esslöffel Currypulver
1 Dose (14 Unzen) Kokosmilch
1 Esslöffel Fischsauce
1 Esslöffel brauner Zucker
Salz und Pfeffer nach Geschmack
Gehackter Koriander zum Garnieren

ANWEISUNGEN

Pflanzenöl in einem großen Topf bei mittlerer bis hoher Hitze erhitzen.

Gehackte Zwiebeln, gehackten Knoblauch und geriebenen Ingwer in den Topf geben und 3–4 Minuten anbraten, bis sie weich sind.

Currypulver hinzufügen und 1-2 Minuten kochen lassen, bis es duftet.

Rohe Garnelen in den Topf geben und 3-4 Minuten kochen lassen, bis die Garnelen rosa werden und gar sind.

Kokosmilch, Fischsauce und braunen Zucker in den Topf geben und verrühren.

Mit Salz und Pfeffer abschmecken.

5-10 Minuten köcheln lassen, bis das Curry eindickt.

Heiß mit gehacktem Koriander darüber servieren.

100. Gegrillte Garnelenspieße

ZUTATEN

1 Pfund rohe Garnelen, geschält und entdarmt
2 Esslöffel Olivenöl
2 Knoblauchzehen, gehackt
1 Esslöffel geräuchertes Paprikapulver
1 Teelöffel Kreuzkümmel
Salz und Pfeffer nach Geschmack
Holzspieße, 30 Minuten in Wasser eingeweicht
ANWEISUNGEN

In einer Schüssel Olivenöl, gehackten Knoblauch, geräuchertes Paprikapulver, Kreuzkümmel, Salz und Pfeffer vermischen.
2. Rohe Garnelen in die Schüssel geben und vermischen.

Die Garnelen auf Holzspieße stecken, die 30 Minuten in Wasser eingeweicht wurden.

Erhitzen Sie einen Grill oder eine Grillpfanne bei mittlerer bis hoher Hitze.

Die Garnelenspieße auf jeder Seite 2–3 Minuten grillen, bis die Garnelen rosa werden und gar sind.

Heiß servieren.

ABSCHLUSS

Wir hoffen, Ihnen hat unser Garnelen-Kochbuch gefallen und Sie haben einige neue Lieblingsrezepte zum Ausprobieren gefunden. Garnelen sind eine köstliche und nahrhafte Zutat, die jeder Mahlzeit eine besondere Note verleihen kann. Egal, ob Sie für eine große Gruppe oder nur für sich selbst kochen, die Rezepte in diesem Kochbuch werden Sie mit Sicherheit beeindrucken.

Denken Sie daran, immer möglichst frische Garnelen von höchster Qualität auszuwählen und befolgen Sie unsere Kochtipps, um die besten Ergebnisse zu erzielen. Und scheuen Sie sich nicht, zu experimentieren und diese Rezepte zu Ihren eigenen zu machen, indem Sie Ihre Lieblingszutaten und Gewürze hinzufügen.

Vielen Dank, dass Sie uns auf dieser kulinarischen Garnelenreise begleitet haben. Viel Spaß beim Kochen!

www.ingramcontent.com/pod-product-compliance
Lightning Source LLC
Chambersburg PA
CBHW070657120526
44590CB00013BA/992